MBSR
마음챙김에
근거한
스트레스 완화
프로그램

MINDFULNESS-BASED STRESS REDUCTION
The MBSR Program for Enhancing Health and Vitality

Linda Lehrhaupt · Petra Meibert 공저 | **안희영** 역

학지사

역자 서문

이 책은 MBSR(Mindfulness-Based Stress Reduction; 마음챙김에 근거한 스트레스 완화) 입문서이다. 이 책의 두 저자인 린다 레르하우프트(Linda Lehrhaupt)와 페트라 마이베르트(Petra Meibert)는 마음챙김 명상과 MBSR 지도자로서 오랜 세월에 걸쳐 다양한 경험을 가지고 있는 잘 알려진 인물이다. 저자들의 풍부한 경험을 잘 반영하고 있는 이 책은 마음챙김 명상이나 MBSR에 관심이 있는 독자에게 매우 친절하고 실용적인 안내서로서 부족함이 없을 것이다.

이 책에 대한 추천사를 몇 개만 살펴보면 다음과 같다.

- "MBSR 교과과정을 소개할 뿐만 아니라 마음챙김을 수련하고 체화하는 데 있어서 노력과 지속적인 전념을 강조하는 느낌도 뛰어나게 전달한다."[MBSR의 창시자 존 카밧진(Jon Kabat-Zinn)]
- "아마도 지금까지 나온 MBSR 책 중 MBSR을 가장 간결하고 흥미롭게 묘사한 책"[MSC 공동 창시자 크리스토퍼 거머(Christopher Germer)]

• "존 카밧진의 매우 영향력 있는 MBSR 프로그램에 근거한 이
  책은 마음챙김 접근법의 핵심을 담아내고 있고 새로운 세대의
  흥미를 자극할 조짐을 보이고 있다."[MBCT 공동 창시자 마크 윌
  리엄즈(Mark Williams)]

역자는 레르하우프트 박사와 수년 전 미국 MBSR 본부(CFM) 초
청으로 MBSR 인증 지도자 30여 명이 모였을 때 사석에서 서로의
경험을 나눈 적이 있다. 오랫동안 선수행을 하고 스승에게서 선의
법통을 이어받은 선사인 그녀는 태극권 등의 동작을 기반으로 한
마음챙김 접근법에도 깊은 경험을 가지고 활동하면서 유럽에서는
이 분야의 손꼽히는 지도자로서 인정받고 있다.
  이 책은 MBSR의 소개서로서 8회기 MBSR 과정에 대한 주요 내
용을 일목요연하게 설명하고 있다. 마음챙김과 함께 MBSR의 중요
요소인 스트레스에 대한 주요 이론도 소개하고, 마음챙김으로 더
욱 균형 잡히고 충만하고 행복한 삶을 살 수 있는 여정을 친절하게
안내하고 있다.
  이 책에서는 마음챙김을 카밧진 박사의 정의에 따라 지금 이 순
간, 의도를 가지고 판단하지 않고 현존함으로써 길러지는 알아차
림 자각으로 설명하고 있다. 마음챙김 수련은 관념이 아니라 직접
몸과 마음을 통해 체화되어 우리 자신의 지혜와 통찰력, 연민에 대
해 접근할 수 있도록 해 주는 삶과 분리할 수 없는 여정으로 소개된
다. 이 수련은 그저 머리로 완성되는 것이 아니라 끝없는 수련을 통
해 알아 가는 여정이자 우리가 본래 인간임을 알게 해 주는 성장,
치유, 변화, 깨어남의 과정이라 할 수 있다. 따라서 마음챙김을 처

음 시작하는 분들은 이 책을 그냥 머리로 이해하는 데서 그치지 말고 잘 지도해 줄 수 있는 지도자의 도움을 받아 삶 속에 마음챙김 자각을 체화하는 것이 중요하다.

끝으로 이 책의 출간에 도움을 준 학지사 김진환 사장님, 편집부 황미나 님에게 감사 인사를 전하며, 초고 준비 과정에 도움을 준 김정화, 정유경 원생에게도 감사의 말을 보낸다. 책을 읽는 독자분들에게 이 책의 유익함이 제대로 전달되기를 바란다.

2020년 1월
안희영

저자 서문

이 책을 펼쳤다면, 여러분은 우리 시대에 널리 퍼진 무언가를 경험하고 있을지 모른다. 그것은 바로 스트레스이다. 여러분은 무언가에 압도당한 기분을 느끼며, 마음챙김에 근거한 스트레스 완화(Mindfulness-Based Stress Reduction: MBSR) 프로그램이 눈사태처럼 불어난 힘든 감정에서 벗어나는 방법을 알려 주기를 바랄 것이다. 아마도 여러분은 최고 속도로 달리면서 멈추거나 속도를 줄이지 못하고 하루를 보낼 수도 있다. 혹은 정반대일지도 모른다. 무언가가 여러분에게 비상 브레이크를 당기게 했고, 여러분의 삶은 날카로운 비명을 지르며 멈추었을 수도 있다. 심각한 질병을 진단받았을 수도 있고, 직장이나 집을 잃었을 수도 있다. 또는 인간관계가 문제가 되거나, 일이 어려운 상황이거나, 사랑하는 사람을 돌보느라 부담을 느낄 수도 있다.

이러한 상황들 때문에 사람들은 MBSR 과정에 등록한다. 우리는 이러한 상황 속에서 우리를 무지에 빠뜨리고 삶을 무너뜨리는 사건들을 겪으며 스트레스를 경험한다. 그러면 어떤 것도 예전과 같

지 않게 된다. 우리는 절박감에 쫓겨 해결책을 찾거나, 반대로 압도
당하여 어떤 노력도 하지 않고 안일함과 마비 상태에 빠져들지도
모른다. 혈압이 올라가거나, 과음 혹은 과식을 하기도 하고, 설명
할 수 없는 통증에 시달리는 등 건강에 영향을 받기도 한다.

MBSR 과정에 등록한 많은 사람은 그들이 전처럼 살 수 없는 지
점에 도달했다고 말한다. 그들은 지금이 멈추고 방향을 바꿀 때라
고 느낀다. 또 다른 사람들은 접촉이 끊어진 자기 자신과 다시 연결
되기를 갈망한다. 무엇을 어떻게 해야 할지 불확실하지만, 한 가지
는 분명하다. 계속 지금처럼 살면 안 된다는 것이다.

MBSR 과정에서 참가자들은 그들의 삶과 깊이 연결되도록 초대
받는다. 마음챙김을 수련한다는 것은 현재 깨어 있으면서 알아차
린다는 의미이다. 그것은 우리 자신과 세상 전체에 대한 친절한 비
판단적 방식으로 매 순간 삶의 흐름과 접촉하는 것을 의미한다. 마
음챙김은 우리가 어려운 상황을 피하거나 부정하기보다는, 그런
상황이 펼쳐지는 순간에 현존하도록 격려한다.

이 책은 MBSR에 대한 소개서이며, 배경에 대한 정보와 몇 가지
연습을 제공한다.

- 일주일에 2시간 반에서 3시간 동안 만나는 8회기 MBSR 과정
  의 주요 요소를 설명한다.
- MBSR 과정상의 연습을 할 수 있는 지침을 제공한다.
- 스트레스에 대한 몇 가지 기본 이론을 설명하고, 마음챙김이
  어떻게 우리가 삶에서 균형을 유지하고 중심을 잡도록 도울 수
  있는지 보여 준다.

• 마음챙김을 삶의 방식으로 도입한다.

책으로 MBSR을 배울 수 있는가? 대답은 '예'일 수도 있고 '아니요'일 수도 있다. MBSR의 핵심인 마음챙김 수련은 스스로 연습하는 것이 가능하며 실제로 많은 사람이 책을 읽으면서 훈련을 시작했지만, 책을 읽는 것으로 MBSR 수업 참여를 대체할 수는 없다. 단체로 연습하고 자격을 갖춘 지도자로부터 안내를 받는 것은 매우 가치가 있다. 수업에 참가함으로써 다른 사람들과 상호작용을 하며 여기에서 영감을 받고, 동기부여를 하고, 보다 포괄적인 관점을 가지게 된다. MBSR 지도자와 집단은 여러분이 수련 경험을 탐구하고 더 깊은 수준으로 이해하도록 도울 수 있다. 비록 책이 훌륭한 출발점이 될 수 있지만, 우리는 여러분이 MBSR 수업에 직접 참여하여 배울 기회를 찾도록 권장한다.

만약 여러분이 MBSR 과정에 등록할지 고려 중이라면, 우리 책을 읽으며 MBSR이 어떤 것일지 감을 잡을 수 있을 것이다. 이 책에서 우리는 마음챙김을 실천하는 데 도움이 되는 태도와 그 태도를 매일 유지하는 방법에 대해 논의한다.

지금 MBSR 과정에 참여하고 있거나 과거에 참여했다면, 이 책은 수업 시간에 제시된 주제를 더 자세히 탐구할 수 있도록 도와주고 과정 중에 주어진 핸드북과 과제를 보완할 것이다.

만약 수업을 들을 수 없다 해도, 여러분이 삶에서 연결과 현존을 구현하고, 일상에서 통합의 감각을 느끼는 가운데 마음챙김이 여러분을 어떻게 도울 수 있는지 탐구할 때, 우리 책은 여전히 도움이 될 것이다.

마음챙김 수련의 시작은 끝이 없는 여정에 착수하는 것이다. 마음챙김은 우리가 '구하고' 완성하는 것이 아니다. 그것은 인생이며, 평생 실천할 수련이다. 만약 마음챙김을 마음에 새긴다면, 이것은 여러분의 삶을 셀 수 없이 풍요롭게 할 잠재력이 있다.

고대 중국 전통인 도교에 현명한 말이 있다. "길은 '도(道)'가 아니고, '도' 자체가 길이다(The path is not the way, the way is the path)." 마음챙김은 주의를 기울이면서, 부드러움과 진정한 호기심을 가지고 사는 방식을 알려 준다. 강요하지 않는 진정한 힘이며, 감상적이지 않은 진정한 연민이다. 마음챙김은 우리가 이미 진실이라고 알고 있는 것을 부드럽지만 확실하게 말한다. 유일한 순간은 지금이다! 우리가 마음을 챙길 때, 가능성이 풍요롭게 펼쳐지는 삶에서 현존이라는 선물을 알아본다.

인생이 우리 뜻대로 될 필요는 없다.
우리의 삶이 그렇다는 것을 알면
평화와 진정한 성취를 얻을 수 있다.
그것은 어떤 상황에도 의존하지 않는다.

-린다 레르하우프트(Linda Lehrhaupt)

차례

1부　MBSR 시작하기: 기초배경

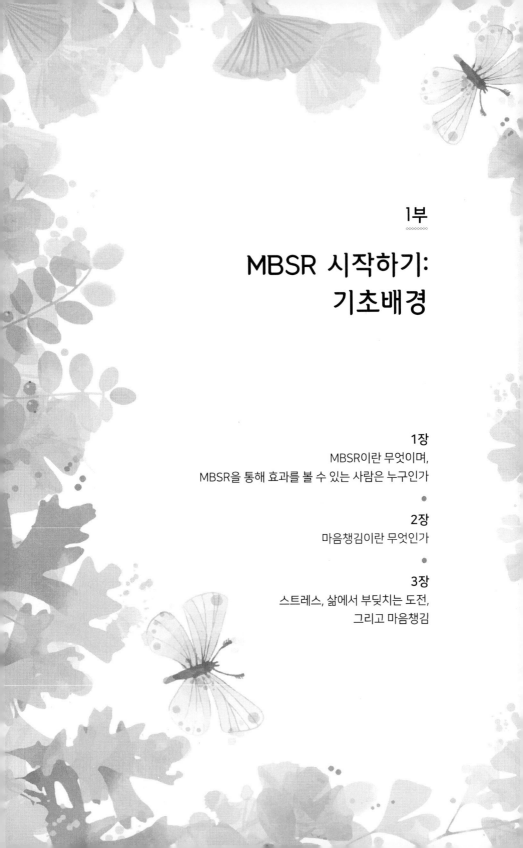

1부

MBSR 시작하기: 기초배경

Mindfulness–Based

Stress

Reduction

1장

MBSR이란 무엇이며, MBSR을 통해 효과를 볼 수 있는 사람은 누구인가

MBSR(Mindfulness-Based Stress Reduction; 마음챙김에 근거한 스트레스 완화) 프로그램은 주 1회 2시간 30분 내지 3시간씩 8주간 진행되며, 6회기와 7회기 사이에는 마음챙김 수련을 온종일 침묵 속에서 하게 된다. 존 카밧진(Jon Kabat-Zinn) 박사는 우스터에 있는 매사추세츠 대학병원에서 MBSR을 창시했다. 그는 요가와 더불어 위빠사나와 선명상을 한 경험에서 영감을 받아 1979년에 첫 MBSR 과정을 시작하였다. 그 당시 MBSR은 오늘날 심신통합의학으로 알려진 새롭게 떠오르는 분야의 일부였다.

본질적으로 MBSR은 마음챙김에 대한 집중 훈련이며, 카밧진은 마음챙김을 "의도적으로 현재 이 순간 판단하지 않고 주의를 기울임으로써 생기는 알아차림(자각)이다."[1]라고 정의하였다. 마음챙김에 대한 가장 자세한 훈련과 연구는 불교 전통, 특히 위빠사나에서볼 수 있지만, 마음챙김은 다른 명상 전통에서도 나타난다. 1970년대부터 서구에서는 마음챙김이 건강관리와 교육 그리고 다른 분야와 통합되어 왔고, 어떠한 신념체계를 따르든 관계없이, 특정 종교를 떠나 모든 사람이 이용할 수 있는 비종교적 훈련으로 여겨졌다. 카밧진에 따르면 마음챙김은 다음과 같다.

> 마음챙김은 자신을 탐구하고 이해하면서 깊이 들여다보는 방법이다. 이러한 이유로 마음챙김은 전 세계의 마음챙김에 근거한 프로그램에서 그래 왔듯이, 프로그램의 내용을 풍부하게 하거나 내용이 진짜임을 증명하기 위해 아시아 문화나 불교 권위에 호소하지 않고도 배우고 실천할 수 있다. 마음챙김은 그 자체로 자기를 이해하고 치유할 수 있는 강력한 수단이다. 사실, MBSR과 MBCT(Mindfulness-Based Cognitive Therapy; 마음챙김에 근거한 인지치료)처럼 마음챙김에 근거한 프로그램들의 주요 강점 중하나는 어떤 신념이나 이념에 의존하지 않는다는 점이다.[2]

카밧진이 MBSR을 가르치기 시작한 직후, 매사추세츠 대학병원의 스트레스 완화 클리닉에서는 MBSR을 주요 프로그램으로 개설하였다. 1년의 임상 실험 기간 동안 이 클리닉에서 열린 스트레스완화 과정의 각 수업마다 최대 30명이 참가하였다. 참가자들 대부분은 만성 통증 환자들이었다. 그 과정은 참가자들이 자신의 고통을 더 좋은 방식으로 다루는 법을 배웠다는 점에서 효과적인 것으

로 판명되었다. 참가자들의 개인적인 고통은 줄었고, 어떤 경우에
는 통증 수준의 강도도 낮아졌다.

처음부터 카밧진과 그의 동료들은 조사연구를 하였다.[3] MBSR은
질병 증상을 줄이고 다양한 조건의 상황을 경험하는 사람들의 삶
의 질을 향상시키는 데 도움을 주는 것으로 나타났다.

MBSR은 현재 마음챙김에 근거한 중재법이나 접근법으로 알려
진 것 중 최초이다. MBSR을 기반으로 만들어진 형식(과정의 기간과
과제 수행 강조를 포함)의 프로그램으로는 MBCT(마음챙김에 근거한
인지치료), MB-EAT(Mindfulness-Based Eating Awareness Training;
마음챙김에 근거한 섭식 훈련), MBRP(Mindfulness-Based Relapse
Prevention; 마음챙김에 근거한 재발방지), 마음챙김에 근거한 암돌봄
(Mindfulness-Based Cancer Care)이 있다. MBSR과 달리 이렇게 전문
화된 프로그램들은 일반적으로 만성 통증이 있거나, 우울증이 반
복해서 재발하거나, 약물을 남용하거나, 암 등을 겪는 사람들을 위
한 것이다. MBSR 과정은 참가자들이 받은 진단이나 처한 상황에
따라 나누지 않고 다양한 상황의 참가자들을 다룬다.

MBSR은 세계적으로 진행되고 있는데, 의사, 심리학자, 심리치
료사, 학교 교사, 사회복지사, 코치, 물리치료사, 간호사, 작업치료
사, 목사, 요가 지도자를 포함하는 다양한 직군의 전문가들과 병원,
정신병원, 대학, 개인병원, 학교, 호스피스, 성인 교육 기관, 기업,
교도소, 상담 센터, 의과 대학, 군대 및 기타 여러 환경에서 종사하
는 많은 사람이 MBSR을 지도하고 있다.[4]

MBSR은 삶의 질을 향상시키기 위해 스스로 스트레스에 대응하
는 방법을 배우고자 하는 사람들에게 적합하다. 과정의 핵심 요소

는 삶에서 일어나는 사건과 상황을 보는 방식을 바꿀 수 있음을 아
는 것이다. MBSR 과정에서, 참가자들은 마음챙김 수련을 하면 상
황을 폭넓게 이해하게 되어 증상을 완화할 수 있다는 것을 배운다.
상황 자체에 초점을 맞추기보다 감정적, 지적, 행동적 차원에서 우
리가 그 상황과 어떻게 관계 맺는지 지켜보는 방법을 배운다. 예를
들어, 통증과 관련된 경우에, 수업 참가자들은 MBSR 과정을 하기
전에는 분노, 비난, 체념, 무력감 같은 감정으로 고통스러워했지만,
그들이 깨어 있는 순간에는 더 이상 그 감정으로 고통스럽지 않았
다고 말한다. 생각을 현실로 받아들이기보다 생각 자체로 알아차
리는 연습을 하면서, 생각에 휘둘리지 않고 어느 정도 거리를 둘 수
있게 된다. MBSR의 공식수련, 특히 바디스캔을 통해 통증 환자들
은 '나는 통증이다.'에서 '내 몸은 통증을 겪고 있지만 그것이 나의
전부는 아니다.'로 통증에 대한 생각을 바꾸게 된다. 환자들은 여전
히 신체적 통증을 느끼겠지만, 이전처럼 통증 때문에 삶의 선택이
좁아지거나 통증이 생각을 지배하지는 않는다.

  카밧진은 과학적 연구와 우리 자신을 보는 방식의 관계를 요약
하면서, 생각과 감정에 대한 마음챙김이 건강을 향상시키는 것에
대해 언급한다.

    우리가 과학적인 연구에서 얻은 증거뿐만 아니라 특히 개인적
  인 경험에서 자신과 다른 사람을 대하는 태도와 방식이 건강을 증
  진시킨다는 것을 알 수 있다. 즉, 서로 신뢰하고 연민과 친절한 마
  음을 가지고 인간 본성의 선량함을 아는 것이 본질적인 치유력임
  을 알 수 있다면, 위기나 위협을 도전과 기회로 보는 것처럼, 우리

는 마음챙김으로 이런 자질들을 순간순간 그리고 매일같이 의식적으로 개발할 수 있다. 이는 우리가 키워야 할 새로운 선택사항이 되며, 세상을 보고 세상에 존재하는 새롭고 완전히 만족스러운 방식이 된다.[5]

MBSR을 통해 효과를 볼 수 있는 사람은 누구인가

사람들은 다양한 이유로 MBSR 과정에 등록한다. 수업 참가자들이 말한 전형적인 이유는 다음과 같다.

- "저는 스트레스를 받을 때, 더 이상 무엇을 하지 못할 정도로 기분이 나빠지는 부정적인 생각에 사로잡히는 경향이 있습니다. 저는 좀 더 차분하고 편안하게 어려움에 대처하는 방법을 배우고 싶습니다."
- "저는 제 몸과 더 좋은 관계를 맺고 싶습니다."
- "저는 지금까지 스트레스를 받으면 무기력하고 마비된 느낌이 들었고 다른 사람 탓을 했는데, 이제 다른 스트레스 대처법을 배우고 싶습니다."
- "저는 병 때문에 약을 먹고 있고, 의사가 하라는 대로 합니다. 그러나 저는 아픈 부위뿐만 아니라 제 몸 전체를 돌보고 싶습니다."
- "저는 제 한계를 더 잘 이해하고, 저 자신과 조화롭게 살고 싶습니다. 감정적으로 힘들 때도, 저 자신을 더 잘 알고 싶습니다."
- "저는 스트레스가 쌓이기 전에 미리 알고 그것을 다룰 수 있는 도구를 갖고 싶습니다."
- "스트레스를 받는 상황에서도 여유로울 수 있는 방법을 배우고 싶습니다."
- "MBSR이 좋은 점은, 매일 저를 위해 시간을 내고 다시 한번 저를 이해하는 법을 배울 수 있다는 것입니다."
- "바쁜 직장생활의 균형을 잡아 줄 뭔가를 찾고 있고, 다시 휴식하는 법을 배우고 싶습니다."
- "저는 일상생활에서 사소하게 일어나는 갑작스러운 일들을 잘 다룰 수 있는 방법을 알고 싶습니다."

- "저는 만성적인 통증 때문에 마음이 온통 그 생각으로 사로잡혀 있습니다. 통증을 극복할 수 있는 더 좋은 방법을 찾고 싶습니다."
- "최근까지 스트레스는 저에게 큰 문제가 아니었습니다. 사실, 마치 스트레스가 좀 있어야 기분이 좋아지는 것 같았습니다. 하지만 더 이상은 효과가 없고, 무엇이 잘못되었는지 모르겠습니다. 갈수록 불안하고 신경질적으로 되는 것 같고, 저희 가족은 제가 최근에 화를 잘 낸다고 말합니다."
- "저는 하루에 10시간 정도 일을 하고 있는데 즐겁습니다. 하지만 저녁에는 긴장을 풀기가 힘듭니다. 저는 계속 바쁘고, 장기적으로는 좋지 않다는 느낌이 듭니다. 잠시 쉬어 갈 수 있는 더 좋은 방법을 찾고 싶습니다."

질병과 스트레스의 증상 완화는 MBSR 과정에서 중요한 측면이며, 많은 사람이 이것을 동기로 참여하는 것이 이해가 된다. 하지만 마음챙김을 연습하고 일상에 스며들게 하는 것은 질병 증상을 줄이는 것 이상의 의미가 있다. 마음챙김은 문제를 해결하는 기술 그 이상이다. 이는 우리가 처한 조건이 어떠하든, 그 안에서 우리 자신을 대하는 태도의 근본적인 변화이다. 마음챙김은 우리가 내적 자원과 능력에 다가가고 우리 모두가 가진 치유 잠재력에 접근할 수 있도록 한다. 그에 이어서 삶의 방식을 건강하게 이끄는 내면의 길잡이를 위한 기초를 만들어 낸다. 이런 의미에서 마음챙김은 근본적인 **태도이고 삶의 방식**이다.

자신에 대한 친절과 연민의 태도를 개발하는 것은 마음챙김이 가진 치유능력의 핵심 요소이다. 여기서 **치유**(healing)란 병을 치료하거나 쇠약해진 증상을 없애는 것을 의미하지 않는다. 치유는 온전함을 경험하는 것과 관련이 있고, 심지어 심각한 질병을 앓는 중에도 온전함에 대한 느낌을 경험할 수 있다.

MBSR 과정 참가자 중 다발성 경화증을 앓고 있는 캐린이 이 경험을 언급했다. 그녀는 MBSR 참가자에게 제공되는 후속 모임에 정기적으로 참여하여 마음챙김 수련이 그녀의 삶에서 가지는 가치를 다음과 같이 표현했다. "MBSR 과정이 제가 다발성 경화증을 다루는 방식에 큰 영향을 끼쳤다는 것이 점점 더 명확해지고 있습니다. 마음챙김 여정을 시작했을 때, 저는 저 자신을 다발성 경화증으로 고통받는 사람으로 여겼습니다. 훈련 후 저는 이제 이렇게 말할수 있습니다. '나는 다발성 경화증과 함께 살고 있다.' 아마도 이 새로운 태도와 그 차이를 경험하는 능력이 마음챙김 수련의 핵심일것입니다. 하지만 저에게는 동시에 고통과 삶의 가능성에 관한 것이기도 합니다."

스위스 바젤 대학병원(Basel University Hospital)에서 실시된 한연구는 캐린이 개인적으로 경험한 MBSR의 장점을 뒷받침하고 있다. 이 연구는 MBSR 과정에 참여한 다발성 경화증 환자가 더 많이활기를 되찾고 삶의 질이 나아진 것을 경험했으며 우울증으로 고통받는 일이 줄었다는 것을 보여 준다.[6]

MBSR은 어떤 상황에 도움이 되는가

직장과 가정에서 일상적인 스트레스에 대처할 수 있도록 하는 MBSR의 예방적이고 지지적인 역할 외에도 과학 연구는 MBSR이 다양한 조건의 증상과 심리적 고통을 완화하는 데 도움이 될 수 있음을 보여 주었다.

- 만성 통증
- 심혈관 질환(예: 고혈압)

- 수면장애
- 우울증과 불안
- 섬유근육통
- 건선
- 만성질환(예: 당뇨, 다발성 경화증)
- 암
- 일반적인 스트레스와 소진

최근에 MBSR과 마음챙김 명상 수련에 관한 과학적 연구가 쏟아져 나오고 있다. 위스콘신 대학교의 리처드 데이비드슨(Richard Davidson) 박사는 그의 선구적인 연구에서 마음챙김 명상 훈련이 신경 가소성을 활성화할 수 있다고 설명했으며, 그는 이것을 "뇌의 구조와 기능을 중요한 방식으로 변화시키는 뇌의 능력"으로 정의한다. 그는 계속해서 다음과 같이 언급했다.

놀라운 사실은 정신 활동만으로도 의도적으로 우리 자신의 뇌를 바꿀 수 있다는 것이다. 명상부터 인지-행동치료까지 다양한 정신적 활동은 뇌의 특정 부분에서 뇌의 기능을 바꿀 수 있다. 그 결과 사회적 신호에 대한 폭넓은 인식, 자신의 감정과 신체적 감각에 대한 깊은 이해와 더 지속적이고 긍정적인 인생관을 발전시킬 수 있다.[7]

1999년에 데이비드슨 박사와 그의 팀은 MBSR에 관한 중요한 연구를 수행했다. 참가자들은 MBSR 8주 과정에 참여했으며, 대조군은 이 수업에 참여하지 않았지만 이 연구가 끝난 후 같은 수업을 받왔다. 연구 결과, 불안 증상이 약 12% 감소했다(대조군은 반대로 약간 증가함). 데이비드슨 박사의 연구에 따르면, 4개월 후 MBSR 과정 참가자들의 왼쪽 전전두엽 피질 활성화 수준이 3배 증가했다. 이는 "이런 정신적 훈련을 하는 사람들은 자신의 생각과 감정을 전환하는 법을 배우고, 부정적인 감정을 일으키는 오른쪽 전전두엽 피질의 활동을 줄이며, 회복탄력성과 웰빙을 향상시키는 왼쪽 전전두엽 활동을 증가시킨다는 사실"을 반영하고 있기 때문에 중요하다.[8]

대조군을 포함한 모든 연구 참가자는 독감 예방 접종을 받았는데, MBSR 참가자들은 백신 접종에 대한 항체 생성이 대조군보다 5% 많았다. 데이비드슨 박사에게 이것은 "그들의 면역체계가 대조군보다 더 효과적으로 반응한다는 징후"였다.[9]

『마음챙김 명상과 자기치유(Full Catastrophe Living)』의 2013년 개정판에서, 존 카밧진은 MBSR의 영향을 문서화하는 데 중요하다고 생각되는 다른 연구를 요약했다.[10] 다음과 같은 연구들이다.

- 매사추세츠 종합병원과 하버드 대학교에서 한 연구는 8주간의 과정 후에, 뇌의 국소적 회백질 밀도가 증가했다는 것을 보여 주었다. 카밧진에 따르면 이 부분들은 "학습과 기억, 감정 조절, 자아의식 그리고 관점 수용"과 관련이 있다.
- 토론토 대학교의 연구는 현재 순간을 경험하는 것과 관련된 뇌 영역에서 신경 활동이 증가하는 것을 보여 주었다. 동시에, '서사적 연결망(narrative network)'으로 알려진 뇌 영역의 감소도 기록되었다. 카밧진에 의하면 이러한 발견들은 구체적인

방법으로 현재 순간에 머무르는 법을 배움으로써, 자신이 만들어 낸 이야기에 사로잡히거나 생각이나 방황 속에서 길을 잃지 않고, 길을 잃었을 때는 현재 일어나고 있는 일을 인식하고 현시점에서 가장 핵심적이고 중요한 것에 주의를 돌리게 하는 것을 의미한다.

· UCLA와 카네기 멜론 대학의 한 연구는 55세에서 85세에 이르는 MBSR 참가자들의 외로움이 감소되었음을 보고하였다. 이 결과는 외로움이 건강상 매우 큰 위험에 관련된 감정상태 중 하나이기 때문에 중요하다.

MBSR은 다양한 조건에서 모든 연령대의 사람들의 삶의 질을 향상시키고 질병 증상을 감소시키는 데 도움이 되는 것으로 나타났다. MBSR이 특정인들에게 도움이 되는 많은 예 중 하나는, 치매를 겪고 있는 노인들과 간병인들의 삶의 질을 향상시키는 것이다. 7년 이상 미국 요양원 노인들을 대상으로 MBSR 집단을 이끌었던 루시아 맥베(Lucia McBee)는 MBSR 과정을 하면서 다른 무엇보다도 환자들이 통증이 완화되고, 일반적으로 행복감을 느끼며, 치매 환자가 불안감이 감소하는 경험을 했다고 보고했다.[11]

MBSR 과정에 참여함으로써 환자를 돌보는 사람은 생계유지와 간병의 이중 부담에 더 잘 대처할 수 있었다. 이는 정신병원, 요양원, 급성 환자 진료소의 간호사와 다른 직원들에게도 마찬가지였다. MBSR이 일반적인 직무 스트레스에 대처하도록 도움을 주는 한 가지 방법은 사람들에게 그들 자신과 더 친해지는 법과 자신의 경계를 인정하고 존중하는 방법을 가르쳐 주는 것이다.

MBSR 과정에 참가하는 것이
바람직하지 않을 때는 언제인가

어떤 상황이나 조건에서는 MBSR 과정에 참가하도록 권하지 않는다. 이에는 심한 약물 중독이나 급성 우울증인 경우가 포함된다 (참가자들이 비우울성 단계에서 안정적인 상태에 있거나 상당한 기간 약물 없이 지낸 경우, MBSR은 그들에게 적합할 수도 있다). 조현병, 정신병과 같은 심각한 정신질환을 가진 사람들도 이 책에서 제시하는 MBSR 과정 참가가 금지된다. 심각한 정신질환을 가진 환자들에게 마음챙김 임상 실험이 시행되었지만, 이 책에서는 다루지 않는다.

화학요법 치료를 받는 암 환자와 심각한 신체적 증상을 겪고 있는 다른 환자들에게는 치료받는 동안 MBSR 과정이 육체적으로 너무 큰 부담이 될 수 있다. 이런 환자들은 매주 수업에 참석하고 집에서 주간 과제를 할 수 있을 정도로 상태가 호전될 때까지 기다리는 것이 좋다.

사랑하는 사람이 죽었다거나 생명이 위험하다는 진단을 받는 등 최근 심각한 일을 경험한 경우에도 먼저 정신치료사나 지원 단체의 상담센터에서 지원을 받는 것이 좋다. 어느 정도의 정서적 안정감이 있을 때 MBSR은 훌륭한 지원이 될 수 있다. MBSR은 심리치료를 보완하는 데도 매우 도움이 될 수 있다.

우리는 MBSR 지도자에게 연락을 해서 개인적인 상황을 의논할 것을 제안한다. 지도자는 당신이 MBSR 과정이 적절한 선택인지 판단하고, 이 과정을 선택한 의도와 동기를 숙고하도록 기꺼이 도울 것이다.

　MBSR 과정에 등록할 때, 프로그램을 하는 동안 할 수 있는 만큼 온전히 참여하려는 의지와 건강하고 균형 잡힌 생활방식에 전념하려는 의도는 매우 중요하다. 만약 행동 방침이 가져다줄 가치를 개인적으로 확신하지 못한다면, 사랑하는 사람이나 친구, 심지어 의사가 선의의 충고와 설득을 한다 해도, 그 과정을 충실히 따라가는 데 필요한 동기가 생기지 않을 것이다.

마음챙김 수련과 이완법의 차이점은 무엇인가

　어떤 참가자는 항상은 아니지만 몸, 감각 마음챙김을 하는 동안이나 MBSR 과정에 있는 다른 것을 연습하는 동안 이완을 경험한다. 어려운 일을 포함하여 삶의 모든 영역에 있어서 마음을 챙기면 주의를 더 기울이게 되므로, 처음에는 불만이나 스트레스 또는 통증을 이전보다 더 많이 알아차리게 된다. 이것은 MBSR 과정의 시작 단계에서 참가자들이 자신의 마음이 실제로 얼마나 불안한지, 그들의 생각이 과거나 미래로 얼마나 자주 흘러가는지를 알게 되었다는 것을 설명한다. 사실, 마음챙김이 더 불안한 생각이나 고통스러운 감각을 일으키는 것은 아니다. 우리가 이전에는 의식하지 못했거나 배경으로 여겼던 것을 알아차리면서 어려움을 주는 이러한 요소들에 잘 적응하고 더 민감하게 된다.

　다음에 나오는 신체와 호흡 알아차림에 관한 짧은 연습은 마음챙김과 이완 연습의 차이를 알 수 있게 한다.

연습: 몸과 호흡에 관한 알아차림

이 순간 어디에 있든지 가능한 한 편안하고 바른 자세로 앉는다. 그리고 몸으로 주의를 돌린다. 시간을 두고 현재 몸에 존재하는 감각을 느낀다. 감각을 느낀다면, 그것들을 바꾸려고 노력하지 말고 단지 알아차린다. 몸에 긴장감이 있다면 그냥 그대로 둔다.

호흡에 주의를 돌리고, 가능한 한 최선을 다하여 호흡의 흐름과 함께한다.

- 몸이 숨 쉬는 것을 느낀다.
- 들숨과 날숨을 알아차리고 숨과 숨 사이에 잠깐의 멈춤도 알아차린다.

이 연습을 할 때, 의식이 딴 데로 새고 생각이나 감정, 이미지 혹은 다른 형태의 감각에 사로잡힐 수 있다. 그런 일이 일어날 때는 그냥 지켜보고, 다음 단계의 들숨과 날숨의 시작을 알아차리는 것으로 부드럽고 분명하게 주의를 기울인다. 편안하게 느끼는 한 연습을 계속한다.

만약 이 수련을 처음 한다면, 우선 하루에 5분씩 해 보는 것을 권한다. 또한 하루 중 여러 번 잠깐 동안 다양한 시간에 연습을 할 수 있고, 앉거나, 서거나, 누워서 할 수도 있다.

'몸과 호흡에 대한 알아차림' 연습을 한 후에는 MBSR 지도자가 "무엇을 경험했습니까?"라고 물을 수 있다. 아마도 연습을 하는 동안 생각이 여러 차례, 어쩌면 계속해서 다른 대상이나 활동으로 벗어났음을 알아차렸을 것이다. 이는 지극히 정상이며, 우리의 주의가 실은 얼마나 자주 현재 순간에서 벗어나는지를 보여 준다.

이것이 정확히 우리가 연습을 시작할 때 관찰해야 할 것이다. 마음은 종종 가만히 있지 못한다. 만약 이완을 얻으려고 열중한다면, 오히려 더 굳어지거나 호흡에 날카롭게 집중할지 모른다. 이것은 호흡 곤란이나 긴장과 관련된 다른 신체 증상으로 이어질 수 있다.

그러면 우리는 이완이 일어나지 않았다고 실망감을 느낄 뿐 아니라 연습을 제대로 하지 못했다고 느낄 수도 있다.

만약 이것을 마음챙김 연습으로 본다면, 우리는 긴장을 풀려는 의도와 숨을 물리적으로 조절하려는 시도를 포함하여, 일어날 수 있는 모든 일을 알아차리는 연습을 한다. 긴장하고 있다고 알아차리면 경험하는 것(감각, 생각, 감정)을 가능한 한 변화시키려 하지 말고 있는 그대로 경험한다. 우리는 결과에 초점을 맞추지 않고 매 순간 어떤 일이 일어나고 있는지에 중점을 둔다.

마음챙김 연습을 하다 보면 이완감을 느낄 수도 있지만, 그것은 이완을 얻겠다는 고정된 목표를 가지는 것과는 다르다. 흥미로운 것은, 무슨 일이 일어나든 간에 긴장은 더 이상 문제가 되지 않으며, 시간이 지남에 따라 긴장이 스트레스를 일으키지 않는다는 것이다.

마음챙김 연습은 이 순간에 존재하는 것이 무엇이든 느낄 수 있게 한다. 이러한 태도는 몸뿐만 아니라 마음도 긴장을 풀고 건강하게 해 준다.

2장

마음챙김이란 무엇인가

간단히 말해서, 마음챙김은 매 순간의 비판단적인 알아차림이다. 그것은 우리가 평상시에는 한순간도 생각하지 않을 것에 의도를 가지고 주의를 기울이면서 키워진다. 마음챙김은 주의를 기울이는 우리의 내적 능력과 특정한 방식으로 주의를 기울이면서 자연스럽게 발생하는 알아차림과 통찰력, 연민에 기초하여, 우리 삶에서 새로운 종류의 행위와 통제력과 지혜를 개발하는 체계적인 접근법이다.[12]

-존 카밧진(Jon Kabat-Zinn),
『마음챙김 명상과 자기치유(Full Catastrophe Living)』

우리는 존 카밧진이 설명한 마음챙김의 몇 가지 핵심적인 측면에 관심을 기울이고자 한다. 우리는 이 요소들을 책 전체에서, 특히

MBSR의 마음챙김 연습에서 여러 가지 방식으로 언급한다.

- 마음챙김은 지금 이 순간에 일어난다. 우리는 좀처럼 현재에 존재하지 않는다. 과거 기억이나 미래 예측에 빠져 길을 잃을 때, 우리는 종종 주의가 납치라도 된 듯 과거나 미래에 사로잡혀, 삶의 일상적인 순간에 머물기가 더욱 어려워진다.

- 마음챙김은 훈련되고 강화될 수 있다. 마음챙김 연습은 근육 강화 운동과 비교할 수 있다. 운동하지 않을 때 근육이 약해지거나 위축되는 것과 마찬가지로, 마음을 챙기는 능력도 그것을 사용하지 않을 때는 약화되거나 위축될 수 있다. MBSR의 핵심은 마음챙김 근육의 체계적 훈련이다.

- 마음챙김은 계발할 수 있다. 우리가 마음챙김을 훈련한다는 것은, 우리 삶의 정원에 물을 주고 돌보는 것이다. 삶의 멋진 순간뿐만 아니라 어려운 순간까지, 모든 것이 이 정원을 풍요롭게 만든다. 어느 명상 지도자가 '우리 삶의 퇴비'라고 불렀던 특히 어려운 것들은 우리가 그들을 마음챙김으로 만나는 법을 배울 때 삶의 정원에 풍부한 영양분을 제공할 수 있다.

- 마음챙김 훈련에서 우리는 비판단적 알아차림 능력을 강화할 수 있다. 마음챙김을 연습할 때 가장 먼저 알아차리는 것은 우리가 사물과 삶에 대한 판단과 생각 그리고 의견에 얼마나 사로잡혀 있는가이다. 마음챙김을 계속 연습하면서, 우리는 판단을 떨어뜨려 놓고(적어도 얼마 동안은) 판단이라는 여과기가 경험을 걸러 내는 정도를 줄이고, 더 자유로운 시각으로 우리 삶의 요소를 경험할 수 있음을 알게 된다. 이는 결과적으로 우리가

어떤 것에 대한 선택권을 가지고 있다는 더 풍부하고 분명한 이해를 낳을 것이다. 그 선택을 실행하기로 마음먹는 것은 희망적인 생각이나 단념, 충동적인 행동으로 우회하는 것이 아니라, 마음챙김 행동을 향한 의식적인 발걸음이 된다.

• 마음챙김은 우리 자신의 지혜와 통찰력, 연민에 접근할 수 있도록 한다. 통찰(insight)이라는 단어의 음절을 뒤집으면 '안으로 보는(sight in)'이라는 뜻으로 읽힌다. 마음챙김은 내면을 들여다보고 삶의 풍부한 지혜의 장에 접근하는 능력을 길러 준다.

마음챙김 명상은 다음과 같은 것이 아니다

• 마음챙김 명상은 우리를 환상에 빠져들게 이끄는 상상의 여행이 아니다.
• 마음챙김 명상은 이완 연습이 아니다. 수련하는 동안이나 수련 후에 이완을 경험할 수도 있지만 이완을 목표로 하지 않는다.
• 마음챙김 명상은 세상과 일상적인 현실에서 도피하는 것이 아니다. MBSR에서 우리는 정확히 그 반대를 경험한다. 고통스러운 상황일지라도 현재 이 순간을 있는 그대로 알아차린다.
• 마음챙김 명상은 다른 의식 상태를 추구하지 않으며, 정신이나 육체의 초월적 능력을 계발하는 것이 아니다.
• 마음챙김 명상은 우리의 마음을 텅 비게 하는 것이 아니다. 비우기를 목표로 한다는 것은 널리 알려진 오해이다.

건포도 한 알에 담긴 우주: 마음챙김 경험하기

마음챙김에 대해 말할 수는 있지만, 궁극적으로 마음챙김의 실재는 그것의 경험이다. 그래서 마음챙김 먹기 연습을 하면서 마음챙김을 경험하는 기회를 가지고자 한다. 이것은 1979년 MBSR이 만들어진 이래 수많은 사람이 해 온 연습이다.

이 연습은 안내문을 읽고 혼자 할 수도 있지만 가능하면 다른 사람이 읽어 주는 것이 좋다. 또는 녹음된 것을 들으며 하는 방법도 있다. 어떤 방법을 선택하든지 기억하라. 실제 먹기는 먹기에 관한 글을 읽는 것과는 다르다.

마음챙김 먹기 연습을 하는 데 건포도를 사용하는 것은 MBSR의 전통이다. 건포도를 좋아하지 않는다 해도, 어쨌든 건포도로 연습해 보기를 권한다. 종종 MBSR 수업에서 오랫동안 건포도를 먹지 않았던 사람들이 이 연습을 하며 건포도를 먹기로 결정한다. 이 장의 후반부에서는 그들의 경험을 공유할 것이다.

건포도 알레르기가 있다면 다른 마른 과일을 사용해도 좋다.

마음챙김 먹기 연습 1: 다섯 가지 감각

여러분 앞의 깨끗한 곳에 건포도 세 개를 둔다. 이 물체를 한 번도 본 적이 없는 모르는 어떤 것이라고 상상한다(이제부터 건포도를 그것이라고 부른다). 그것들을 조사해 보는 데 다섯 가지 감각, 즉 시각, 청각, 촉각, 후각, 미각을 사용할 것이다. 이 중 어떤 감각을 사용할 수 없다면, 그 감각을 느낄 수 있다면 어떨지 상상해 본다.

잠시 시간을 내어 연습의 각 단계와 감각을 따라가면서 경험을 기록한다. 우리가 몇 가지 제안을 하겠지만, 여러분에게 어떤 일이 일어나든 자유롭게 탐험해 주기 바란다.

시각

한 개를 집어 들고 주의 깊게 살펴본다. 전화로 누군가에게 그것을 설명하고 있다고 상상한다. 그것의 표면에 대해 뭐라고 말하겠는가? 무슨 색인가? 색깔이 하나 이상 있는가?

밝은가, 흐릿한가, 아니면 둘 다인가? 표면에 선이 있는가? 구부러져 있는가, 직선인가? 불빛에 비추어 보면 어떤가? 그것을 꿰뚫어 볼 수 있는가? 안에 무엇이 있는가? 그 밖에 무엇을 알았는가?

촉각

손가락 사이에 놓고 그것을 문질러 본다. 그 표면을 어떻게 묘사하겠는가? 거칠거나 부드러운가? 물기가 있거나 건조하거나 끈적끈적한가? 부푼 느낌이 드는가? 두껍거나 얇은가? 신축성이 있는가? 그 밖에 무엇이 느껴지는가?

청각

그것은 어떤 소리를 내는가? 한쪽 귀 옆에서 손가락 사이에 문질러 본다.

무엇이 들리는가? 혹시 무슨 소리가 나면, 그것은 날카로운 소리인가, 둔한 소리인가? 큰 소리인가, 부드러운 소리인가? 듣는 소리를 묘사할 수 있는 다른 단어가 있는가?

그것을 다른 쪽 귀로 옮긴다. 이제 무엇을 듣게 되는가? 같은 소리인가, 아니면 다른 소리인가? 더 부드러운가, 아니면 더 큰가?

후각

그것을 코 바로 아래로 가지고 온다. 냄새를 어떻게 묘사하겠는가? 자극적? 톡 쏘는? 쓴? 기름 냄새가 나는? 달콤한? 퀴퀴한?

한 콧구멍을 막고, 다른 콧구멍으로 냄새를 맡는다. 그리고 콧구멍을 바꾸어 냄새를 맡는다. 냄새는 양쪽에서 다 다른가? 정도에 차이가 있는가? 냄새를 맡으며 콧구멍 사이를 오가도록 앞뒤로 움직인다.

미각

그것을 입으로 가져가 립스틱을 바르듯이 입술의 윤곽을 그려 본다. 뭔가 알아차렸는가? 입 안에도 바깥처럼 느낌이 있는가? 그 감각을 어떻게 표현할 수 있는가?

이제 그것을 입에 넣는다. 깨물지 말고, 혀를 이용해서 표면을 살펴본다. 잇몸에 대고 눌러 입 안에서 굴려 본다. 혀 밑에 넣어 본다. 그것이 입 안에 머무르거나 움직일 때, 입 속에서 느껴지는 감각을 계속해서 최선을 다해 알아차린다. 그것은 그대로 있는가? 부드러워지는가? 심지어 녹는 것처럼 보이는가?

이제 한쪽 어금니 사이에 그것을 놓는다. 어금니 사이에 얹어져 있는 것을 느껴 본다. 어떤 의도나 충동을 알게 되는가? 깨물고 싶은 충동을 느끼는가?

준비가 되면, 이 사이에서 그것을 부드럽게 씹는다. 그것에서 배어 나오는 맛을 알아본다. 맛을 어떻게 묘사할 수 있는가? 모든 조각이 사라질 때까지 계속 천천히 씹는다.

삼킬 준비를 하면서 의도가 생기는 것을 알아차린다. 삼킬 때 목 뒤쪽에서 움직임을 느낄 수 있다면, 더 깊은 곳까지, 아래쪽을 느낄 수 있는지 알아본다.

입 속에 남은 흔적이 있는가? 아무것도 없는데 아직도 맛이 느껴지는가? 어떤 느낌이나 생각, 또는 감정이 현존하는지 알아보는 시간을 가진다.

마음챙김 먹기 연습 2: 심화

안내 없이 혼자 연습을 반복한다. 첫 번째와 같은 방법으로 다섯 가지 감각, 즉 시각, 촉각, 청각, 후각, 미각을 사용하여 두 번째 것을 탐색한다. 필요한 만큼 시간을 가지고 좀 더 빨리 하고 싶다거나 느리게 하고 싶다는 충동이나 마음을 챙기며 먹는 연습을 하다 생각에 빠져드는 경향을 알아차린다.

MBSR 수업에서 이 연습을 가르칠 때, 사람들은 자신의 속도대로 연습한다. 어떤 사람들은 다른 사람들이 그것을 막 씹기 시작할 때 벌써 끝나 버리기도 한다.

마음챙김 먹기 연습 3: 그냥 먹기

그냥 평소처럼 세 번째 것을 먹는다. 입 안에 어떻게 넣는지 알아본다. 빨리 넣는가? 빨리 씹는가, 천천히 씹는가? 씹는 것을 알고 있는가? 많은 수업 참가 자처럼, 이 시점에서 웃고 있는 자신을 발견할지도 모른다.

성찰의 순간

잠시 이 물체에 대해 깊이 생각해 본다. 물론 이것은 건포도이다. 그것들은 야생에서 자랄 수 있는 포도이지만 보통은 여름에 더운 지역에서 경작된다. 포도가 자라는 들판은 경사가 질 수도 있고 평평할 수도 있다. 포도가 익으려면 상당한 양의 햇빛이 필요하고, 심지어 건조하려면 더 많은 양의 햇빛이 필요하다. 수확 시기에 포도열매로 무거운 넝쿨이나 가지들을 상상해 본다.

여러분의 건포도와 직접 혹은 간접적으로 관련된 수많은 사람이 있다. 누군가는 포도를 심고, 밭에 물을 주고, 기계나 수작업으로 수확하고, 용기에 담아 운반하였다. 누군가는 포장을 했고, 누군가는 가게 선반에 놓았다.

여러분이 사용한 세 개의 건포도에는 많은 사람과 장소가 전체적으로 연결되어 있다. 이것을 잠시 깊이 생각해 본다. 여러분이 모든 생명과 삶 자체가 관계 속에서 어떻게 연결되어 있는지를 인식할 때 무슨 일이 일어나는지 알아본다.

건포도 명상은 우리의 삶에 관해, 그리고 우리가 건포도와 관계를 맺는 방법에 관해 무엇을 말하는가

다음은 MBSR 참가자들이 마음챙김 먹기 연습에 대해 가장 자주 언급하는 의견들이다. 우리는 또한 이 의견들이 마음챙김의 핵심

적인 측면과 어떻게 관련되어 있는지와 마음챙김이 일상생활에서
담당하는 역할을 보여 주고 싶다.

> **66**
> 건포도가 그렇게 생긴 줄 몰랐어요.
> 그리고 모든 건포도가 완전히 달랐어요. **99**

　세상의 모든 물체는 유일하다. 기계로 만든 물건들도 아주 작은
차이가 있다. 유일함을 인정하는 것은 인식의 중요한 변화이다. 마
음챙김을 더 하면서 모든 것을 똑같이 보지 않고, 모든 것에 개성
이 있다는 것을 인정하게 된다. 이것은 건포도뿐만 아니라 사람, 장
소, 밤하늘의 별과 같은 우리 주변의 모든 것에도 적용된다.

　하지만 우리는 얼마나 자주 무언가를 보고 전에 그것을 본 적이
있다고 생각하는가? 우리는 얼마나 자주 어떤 것을 만지고 그것이
어떤 느낌인지 알고 있다고 생각하는가?

　마감 시한에 쫓기거나, 질병 혹은 신체적 통증이 있거나, 어떤 스
트레스를 받으며 살고 있다면, 삶은 시시하고, 생기가 없고, 반복적
일 수 있다. 다른 관점으로 볼 가능성이 급격히 줄어들고, 삶이 다
양하다는 느낌을 잃게 된다. 우리는 변화의 잠재력을 풍요롭게 받
아들이지 않고, 변화를 싫어한다. 우리는 동일성을 추구하며 틀에
박힌 일을 바라고 있다.

　무엇을 발견할지 정확히 알지 못하지만, 새롭게 자세히 보려
고 의식적으로 결정하는 것은 마음챙김 연습의 중요한 단계이다.
1959년부터 1971년에 사망할 때까지 샌프란시스코에서 가르침을
준 일본의 선구적인 선 지도자 슌류 스즈키(Shunryu Suzuki)는 이것

을 "초심자의 마음"이라고 했다. 우리는 또한 신선함을 가지고 바라보는 이런 태도를 '아기 마음'이라고 부를 수도 있다. 왜냐하면 마음챙김은 아기가 하는 것처럼 우리의 모든 감각으로 새로운 대상과 경험을 탐색하게 하기 때문이다. 만성적인 고통을 안고 사는 것에 깊은 동정심을 가진 참선 지도자 달린 코헨(Darlene Cohen)은 강아지가 새로운 물건을 즐겁게 탐색하는 것 같다고 하며 이것을 "강아지 마음"이라고 부른다.[13]

> ❝ 내 인생의 순간들처럼. ❞

에밀리(Emily)는 유방암 진단을 받았고, 근치유방절제술을 받았다. 방사선 치료 후, 그녀는 직장으로 돌아가 삶을 다시 시작할 수 있었다. 7년 후, 가슴에 생긴 뾰루지는 암이 재발했다는 첫 번째 징후였다. 그녀는 화학 요법을 한 차례 마친 후에 MBSR을 시도하기로 결정했다. 그녀는 MBSR 수업을 위한 사전 인터뷰에서 "내가 얼마나 더 살아야 하는지 몰라요. 하지만 영화에서 누군가가 '우리는 마지못해 사는 삶에서 진짜 삶으로 나아가기를 원한다.'라고 말하는 것을 들었어요." 에밀리는 잠시 멈추고 결단력 있게 덧붙였다. "그게 내가 배우고 싶은 겁니다!"

수업 참가자들이 건포도 명상 연습 후에 서로의 경험을 나누었을 때, 에밀리는 시간을 내어 말했다. 그녀가 말할 때, 목소리는 기쁨으로 가득 찼다. "나는 항상 건포도가 어떤 맛인지 알고 있다고 생각했지만, 이제 건포도의 맛이 다양하다는 것을 알게 되었어요. 내 삶의 순간들처럼 말이죠. 정말 멋져요!"

에밀리의 경우는 삶이 가진 무한한 다양성을 축하하는 데 마음
챙김이 어떻게 도움이 되는지 보여 준다. 심지어 힘든 예후에 직면
했을 때도, 에밀리는 그녀가 "인생의 소중한 순간들"이라고 부르게
된 것들을 음미할 수 있었다.

> 66   나는 항상 건포도를 싫어한다고 생각했어요.   99

이 말의 핵심어는 '생각(thought)'이다. 과거에 만들어진 의견을
현재에 적용할 때, 과거는 우리 삶을 지배한다. 그것은 우리가 경험
할 것과 하지 않을 것을 통제한다. 그것은 과거의 그림자로 현재를
가린다. 그것은 지금이 아니라 지나간 것이다.

마음챙김 먹기 연습에서, 건포도를 좋아하지 않기 때문에 맛보
지 않기로 결정할 수 있다. 아마도 과거에는 건포도를 좋아하지 않
았겠지만, 지금은 어떨까? 먹어 보지도 않고서 이번에도 건포도를
싫어하는지 여부를 정말로 알 수 있을까?

과거에 한 결정 때문에 현재에 시도하지 않으려는 결과는 건포
도에 관한 한 큰 문제가 아닐 수도 있다. 하지만 우리가 인생에서
제외시킨 다른 모든 것은 어떠한가? 우리는 한때 불쾌한 경험을 했
기 때문에 그 장소에 가지 않을 수 있다. 아니면 특정한 사람들을
피하거나, 어떤 종류의 직업에 지원하지 않거나, 의사가 추천한 고
관절 수술을 받지 않고 현재 심한 통증을 느낄 수 있다.

시간이 지나도 의견이 변하지 않는다는 것은 우리가 좋아하는
것에서도 마찬가지이다. 우리는 즐겁게 여겨지는 것들을 찾는다.
저녁 식사를 하러 갈 때 좋아하는 것과 익숙하지 않은 것 사이에서

선택한다면, 좋아하는 음식을 고를 가능성이 크다. 만약 특정 종류의 옷을 입는 데 익숙하다면, 평소에 입는 옷과 비슷한 옷을 사는 경향이 있을 것이다.

우리가 무엇을 좋아하고 좋아하지 않는지 아는 데는 아무 문제가 없다. 동시에, 좋아하고 싫어하는 것이 우리의 선택과 행동에 어떤 영향을 미치는지 그 결과를 알고 있는 것은 도움이 된다. 간단히 말해서, 우리가 얼마나 좋아하고 싫어하는지, 얼마나 많이 걸러내고, 통제하고, 우리의 세상을 형성하는지 알아차리지 못할수록, 우리 자신을 더 많이 제한하게 된다. 선택에 따른 것이 아니라 습관에 의한 것이다.

이와 같은 것들이, 건포도를 좋아하지 않는다고 생각했지만 이 연습을 하는 동안 건포도를 먹은 사람들에게는 어떻게 적용될까?

사실, 누군가가 "오, 알다시피, 나는 지금 건포도가 정말 좋아요!"라고 말하는 것은 드물다. 그럼에도 불구하고 참가자들은 종종 "건포도가 내가 생각했던 것과는 다른 맛이 났어요."라고 말한다.

한국의 선사 숭산스님(1927~2004)은 계속해서 학생들에게 다음과 같이 상기시킨 것으로 유명하다. "오직 모를 뿐!" 그리고 많은 질문에 대한 그의 대답은 다음과 같았다. "모른다는 마음을 유지하라!" 마음챙김을 할 때, 우리는 알지 못한다는 마음을 기른다. 우리가 아무것도 모른다는 것이 아니다. 오히려 모른다는 마음을 가지는 것은 전제 조건이나 선입견 없이 우리 앞에 있는 것을 기꺼이 만나게 한다. 우리는 생각한 대로가 아닌, 있는 그대로 경험해 보려고 한다.

좋아하고 싫어하는 것은 마음의 습관이다.
그것들은 친숙하기 때문에 진짜처럼 느껴진다.
마음챙김은 매 순간을 삶으로 가져온다.
우리는 독특함이나 동일성을 알아차릴 수 있고, 어느 쪽에도 사로잡히지
않을 수 있다.

-린다 레르하우프트(Linda Lehrhaupt)

66   건포도가 이렇게 달콤한지 몰랐어요.   99

건포도 명상을 하는 동안 종종 수업 참가자들은 건포도가 생각보다 달다는 사실에 놀란다. 어떤 사람들에게는, 처음 한 입 깨물 때 맛이 입 안을 가득 채운다. 다른 사람들에게는, 그들이 두 번째 혹은 세 번째 건포도를 먹을 때 가장 분명해진다. 거의 모든 사람이 말하기를, "전에 먹을 때는 이렇게 달다는 것을 거의 느끼지 못했어요. 내가 음식 맛을 얼마나 많이 놓쳤을까요?"라고 한다. 필연적으로 뒤따르는 질문은 "내가 내 삶에서 놓치고 있는 것은 무엇인가?"이다.

인생의 많은 순간을 놓쳤다고 깨닫는 순간, 우리는 슬퍼하고, 분노를 느끼고, 당황하며, 새롭게 결심을 하고 다른 많은 감정을 느끼게 된다. 친구들이 떠나고, 젊음을 잃고, 선택을 잘못한 것처럼 기회를 잃었다는 느낌이 우리를 압도할 수도 있다. 이와 같은 알아차림은, 상실감을 느끼거나 집착할 필요는 없지만, 우리가 건포도 한 알을 음미한 순간의 깨어 있음으로 삶의 순간을 매우 가치 있게 여기며 존중하겠다는 약속을 환기시킨다.

MBSR에 참가한 많은 사람은, 자신이 삶의 모든 측면을 더 많이 알면 알수록, 더 살아 있음을 느낀다는 사실을 깨닫는다. 과거에는 압도되거나 상처받는 것이 두려워서 특정 상황을 피했을 수도 있다. 한 참가자는 감정을 피하려는 충동을 내 가슴에 빗장을 거는 것이라고 묘사했다.

마음챙김 먹기 연습 이후 몇 주 동안, 많은 사람이 순간순간 풍부한 감각을 접하는 경험의 장에 있을 때, 삶이 더 이상 동일하지 않다는 것을 깨닫는다. 삶은 무수히 많은 방식으로 변화하고 펼쳐진다.

우리는 더 이상 경계하지 않게 되면서 회복력과 활력을 발견하기 시작한다. 우리는 무엇을 해야 할지 알게 될 것이라는 믿음을 배운다. 우리가 방향을 바꾸거나 선택을 하기로 결정할 때, 그 믿음의 힘은 공포가 아니라 마음챙김으로 우리 마음속 빗장을 열거나 닫을 수 있게 한다. 그 믿음의 힘은 우리가 공포에 떨지 않고 마음을 챙겨 우리 마음속 빗장을 열거나 걸어 닫게 한다.

       66   나는 결코 알지 못했어요…….   **99**

다음 MBSR 수업 참가자들은 "나는 결코 알지 못했어요."라고 말하면서 건포도 명상에 대한 자신들의 경험을 설명하기 시작했고, 계속해서 자신들의 삶과 어떻게 관련이 있는지 말했다.

하이케(Heike)는 남편 프랭크(Frank)가 최근에 암으로 사망한 슬픔을 표현했다. 그녀는 남편이 살아 있을 때 함께 정원을 감상하거나 남편이 즐겨 만드는 음식을 먹기 위해 시간을 충분히 내지 못해서 얼마나 미안한지 이야기했다. 그녀는 남편이 전립선암 진단을 받은 후에도, 자신의 일을 우선시하고 장기 출장도 갔다. 그녀는 남편이 떠날 때까지 남편과의 삶이 얼마나 소중한지 몰랐다고 말했다.

위르겐(Jürgen)은 감사함을 느꼈다. 이제 마흔두 살이 된 그는 10대 때부터 크론병으로 고생했다. 그는 병으로 인한 오랜 세월의 투병과 통증을 이야기했다. 그는 일찍 은퇴를 해야 했고, 이후 식이 요법에 좀 더 신경 썼으며, 우정을 키우는 것을 포함해서 전에는 시간을 낼 수 없던 일들을 하기 시작했다. 건포도 명상을 하는 동안 자신의 삶이 얼마나 풍요로운지 결코 몰랐다는 것을 깨달았다. 왜냐하면 자신의 인생에서 진정으로 가치 있는 유일한 것을 이미 포기해야만 했다고 한동안 생각했기 때문이다.

거트루드(Gertrude) 역시 깊은 상실감을 느꼈다. 그녀는 가족 간의 불화 이후 성인이 된 아들과 연락이 끊기면서 겪는 스트레스 때문에 MBSR 과정에 등록했다고 말했다. 그녀는 수업 시간에 언제나 모든 것을 제대로 하기로 결심한 듯 결의에 찬 에너지를 보였다. 건포도 명상을 하는 동안에 그녀의 눈은 눈물로 가득 찼다. 그녀는 우리에게 말했다. "아들과 관계를 끊어 버린 것을 잘했다고 생각했어요. 내가 이제껏 가진 가장 소중한 것을 잃어버렸다는 걸, 내 아들과의 관계를 잃어버렸다는 걸 정말 몰랐어요."

> " 내가 평소에 얼마나 빨리 먹는지 알게 되었어요. "

MBSR 수업에서 한 것처럼 집중과 의도를 가지고 하나의 건포도를 먹기 위해 속도를 늦추는 것은 거의 혁명에 가까운 행위이다. 우리가 평소 음식을 먹는 방식과 어떻게 다른지는 두 번째 건포도를 먹을 때 더 분명해진다. 안내 없이 혼자 할 때는 더 빨리 진행하는 경향이 있다. 하지만 그때도 평상시보다 훨씬 더 오래 걸린다.

때때로 나(Linda)는 내 수업 참가자들에게 슬로우 푸드 운동에 대해서 이야기한다. 그것은 환경파괴 없이 지속 가능한 재료와 지역의 전통조리법으로 음식을 준비하고 음미하기 즐기는 사람들의 세계적 네트워크이다. 여기에서는 신선하고, 현지에서 재배되고, 가공되지 않은 음식을, 여유를 가지고 함께 먹으라고 강조한다.

1983년 남편 노버트(Norbert)와 함께 살기 위해 독일로 처음 이사를 갔다. 내가 도착한 바로 다음 날 아침, "아침 먹으러 나가요." 라고 말했을 때 그는 깜짝 놀랐다.

"하지만 왜 우리가 나가야 하지요?"라고 그가 물었다. "필요한 건 다 있어요. 그냥 신선한 빵이나 사 올게요." 내가 한마디 더 하기도 전에, 그는 문을 나서서 빵집으로 갔다.

내가 아침 식사를 서둘러 하는 습관을 버리는 데는 시간이 꽤 걸렸다. 뉴욕에서는 외식하는 것, 그리고 빨리 먹는 것이 익숙했다. 유럽인인 남편, 그리고 몇 년 동안 알게 된 많은 유럽인과 함께 집에서 식사를 하는 것은 슬로우 푸드 방식의 축하 행사가 되었다. 물론, 우리는 때때로 저녁을 먹으러 나갔지만, 그 일은 내가 더 이상 당연하게 받아들이지 않았기 때문에 특별해졌다.

〈바베트의 만찬(Babette's Feast)〉이라는 음식을 맛보는 기쁨에 관한 정말 즐거운 영화가 있다. 이 영화는 음식에 가장 관심이 없는 뉴요커조차도 관심을 갖고, 멈추어 음미할 수 있는 음식을 통한 즐거움에 관한 교훈을 준다. 이 이야기는 18세기 후반 파리에서 가장 유명한 식당에서 일하던 요리사에 관한 것이다. 그녀는 프랑스 혁명 동안 덴마크로 피신해야만 했고 독실한 칼뱅주의자인 두 자매가 그녀에게 도피처와 직장을 제공했다. 그들은 그 요리사의 아슬아슬한 탈출과 어떻게 그녀가 그 혼란 속에서 남편과 아들을 잃게 되었는지 알지 못했다. 그 자매는 그녀에게, 그해 전에 세상을 떠난 엄격한 목사였던 아버지를 위해 추모 만찬을 준비해 달라고 요청했다. 평범하고 간단한 요리를 준비해 달라고 했지만, 바베트는 자신의 돈으로 호화로운 프랑스식 만찬을 만들어 자매들에게 감사를 표하기로 결심했다. 이 영화는 가장 즐겁고 훌륭하게 슬로우 푸드 만찬을 준비하고 먹는 내용을 다루고 있다. 손님들은 자신의 기쁨과 미각을 만끽하면서, 그들의 인간적인 면을 겉으로 드러낸다.

> 66
> 마치 내가 자동 조종되는 것 같았어요.
> 심지어 씹고 있는 걸 깨닫지도 못했어요. 99

마음챙김 먹기 연습을 하는 동안 많은 사람은 건포도를 씹지 않는 것이 얼마나 어려운지 알게 된다. 어떤 사람들은 건포도를 씹지 말라는 안내를 잊고 우물우물 씹고 나서야 깨닫는다.

MBSR에서는 활동을 하고 있는데 모르고 있는 상태를 '자동 조종 상태로 있기'라고 한다. 많은 사람이 차를 운전하는 동안 이것을 경험한다. 때때로 우리는 집을 떠나 목적지에 도달하는 동안 그 사이에 대한 기억이 없는 경우가 있다. 라디오 프로그램에 심취했거나 정신이 딴 데 가 있었는지 모르지만, 우리가 주의를 기울이지 않는 동안 무엇을 놓쳤는지 누가 알겠는가?

자동 조종 상태로 살면서 잃는 것이 있다. 많은 사람이 가족이나 직장 동료들과 진정한 유대감을 느끼지 않고 이런 식으로 행동한다. 직장생활을 생각해 보면, 사람들이 압박감을 느끼면 바삐 움직이고 생산성이 올라갈 수 있지만, 그럴수록 서로 상호작용하는 시간이 줄어들고 공동체 의식이 흐릿해진다. 예를 들어, 탄생이나 성장, 죽음과 같은 인생의 단계는 우리의 관심과 축하를 받을 가치가 있는 삶의 단계라기보다 불편한 일이 될 수 있다.

잠든 주의력을 깨우고 알지 못함을 알아차리는 것은 가능하다. 이것이 마음챙김 수련의 핵심이다. 우리가 생각이나 멀티태스킹에 빠져 있을 때 알아차리는 것이 마음챙김이다. 마음챙김을 하면, 현재 우리의 알아차림과 활기를 회복할 수 있다.

> 우리가 그곳에 없다는 것을 알았을 때, 우리는 바로 지금 여기에 있게 된다. 우리가 알지 못한다는 것을 알게 되면, 우리는 마음챙김을 하고 있는 것이다.
>
> —린다 레르하우프트

66　　**세 번째 건포도가 다른 것보다 가장 강렬했어요.**　99

이 말은 서두름과 마음챙김의 관계에 대한 흥미로운 점을 제시한다. 세 번째 단계에서는 많은 사람이 평소에 먹는 방식으로 건포도를 먹는데, 이것은 보통 그것을 입에 넣고 삼키는 것을 의미하며, 흔히 몇 번 씹지 않는다. 그렇다면 왜 어떤 사람들은 세 번째 건포도를 먹는 것이 가장 강렬한 경험이라고 할까?

　속도를 늦추는 것이 마음챙김을 배우는 데 중요하다는 것은 사실이다. 그것은 경험의 모든 측면을 좀 더 손으로 직접 만지듯이 음미할 수 있게 해 준다. 그래서 우리는 매 순간 경험을 알아차리는 기회를 가진다. MBSR에서 우리는 참가자들에게 모든 연습을 느리게 하도록 권한다. 만약 집에서 마음챙김 연습으로 설거지나 이를 닦는 것과 같은 일상적인 활동을 할 때, 속도를 늦추는 것은 연습의 한 요소가 된다. 그리고 이것은 종종 참가자들이 가장 어려워하는 부분이기도 하다.

　때때로 우리는 위험을 피하거나 생명을 구하기 위해 빨리 움직여야 한다. 서둘러야 하는 많은 직업이 있다. 예를 들면, 소방관, 경찰관, 응급실 의사와 간호사들이 있다. 몇 초 차이로 삶과 죽음이 갈리는 현장에서 일하는 사람들에게 마음챙김은 어떻게 도움이 될까? 마음챙김은 속도가 중요한 운동이나 다른 상황에서 어떻게 도움이 될까?

　마음챙김 훈련은 이러한 상황에서 훌륭하게 적용된다. 마음챙김을 실천하는 많은 사람은 그들이 빨리 움직여야 할 때, 더 침착해지고 그들 주변의 공간을 더 알아차릴 수 있다고 한다.

　우리 모두가 속도를 요구하는 직장에서 일하는 것은 아니지만, 모든 사람은 서둘러야 하는 상황에 직면할 때가 있다. 서두를 때 중요한 것은, 일어나고 있는 일과 연결되는 것이다. 마음챙김을 연습함으로써 우리는 상황에 더 잘 연결된다.

> 마음챙김은 빠르거나 느린 것에 관한 것이 아니다.
> 마음챙김은 주의를 기울이는 방법에 관한 것이다.
> 우리는 삶의 속도에 맞추어 살 수 있고, 서로 연결되어 현재에 머물 수 있다.
>
> ─린다 레르하우프트

" 우리가 한 일이라곤 단지 건포도를 먹은 것뿐입니다. 정말 대단해요! "

마음챙김에 대해서 신비한 점은 없다. 우리는 누구나 마음챙김을 경험했던 때를 묘사할 수 있지만, 그것을 마음챙김이라고 부르지 않았을지도 모른다. 그때는 우리 아이가 태어나는 순간이거나, 신체적인 도전의 순간이거나, 산길에서 급커브를 돌 때였을 수도 있다. 우리가 일출을 보았을 때나 사랑하는 사람이 마지막 숨을 거두는 동안 옆에 있었을 때일 수도 있다.

이 모든 순간의 공통점은 무엇일까? 마음챙김이 저절로 일어나는 순간들이라는 것이다. 이 순간의 감각은 즉각적이고, 깨어 있으며, 의식적이고, 명료하다. 이런 경우는 매우 특별하며, 우리는 그런 날들을 삶이 우리에게 주는 특별한 선물로 기억하는 경향이 있다. 하지만 특별한 순간에만 마음챙김을 해서는 안 된다. 모든 순간은 유일한 특징과 본질, 그리고 변화하는 모양이 있다. 이런 특질들은 우리가 그것들을 '좋은 것'이라고 부르든 '나쁜 것'이라고 부르든 존재한다. 현재와의 연결은 상황에 관계없이 우리의 삶을 다채롭고 깊이 있게 하며 기념할 만한 것으로 만든다. 그것은 우리가 평범함과 비범함 둘 다를 우리 삶의 풍부한 순간으로 경험하게 해 준다.

❝ 너무도 평범하지만……❞

에이미(Amy)는 어머니 아델(Adele)과 있으면서, 돌아가시기 전 마지막 며칠 동안 어머니에게 음식을 먹여 주며 감정적으로 깊은 치유를 한 경험을 우리와 함께 나누었다.

"엄마는 요구르트나 사과 소스처럼 가장 부드러운 음식만 먹을 수 있었어요. 때때로 엄마한테 작은 한 접시를 먹이는 데 1시간이나 걸리곤 했어요. 나는 음식을 숟가락으로 떠서 입가에 갖다 대고 엄마가 음식을 조금씩 먹을 수 있는 힘을 찾기를 기다리는 데 매우 집중했어요. 나는 시간감각을 모두 잃었어요. 인생은 단지 한 스푼이 되었고…… 그 다음…… 그 다음…… 한술 한술 주고, 받아먹고, 놓는 과정이 되었어요. 너무도 평범했어요. 그런 작은 사랑을 실천하는 기회를 가진 것에 신께 감사드렸어요. 그것은 신의 은총이 허락한 선물이었어요."

**❝ 건포도를 씹는 것이 힘들었어요.
그것은 매우 폭력적으로 느껴졌어요.❞**

거의 모든 수업에서 최소한 한 사람이 이런 말을 한다. 그리고 나서 참가자들은 씹는 행위가 공격적으로 느껴질 수 있다는 점을 탐구한다. 많은 참가자가 건포도가 있던 모든 장소와 건포도와 관련된 사람들을 알게 되었다는 것은 사실이고, 이것은 각각의 건포도를 특별하게 만든다. 건포도는 더 이상 모르는 존재가 아니다.

특히 우리가 인생에 압도당할 때 다른 사람들과 동물 그리고 자연 세계를 단순한 대상으로 취급하는 일이 종종 일어난다. 일단 그들이 비인격화되면, 오용하고, 학대하고, 고갈시키기가 더 쉬워진다. 안타깝게도, 우리가 가장 자주 이런 식으로 다루는 대상은 우리 자신의 몸이다.

우리는 우리의 몸을 기계처럼 다루는 경향이 있다. 몸이 잘 기능할 때는 무시하고, 아프면 우리를 실패하게 만드는 것으로 판단한다. 우리는 탈진할 때까지 일하고, 기억도 안 날 정도로 먹거나 마시지만, 우리 자신에게 끼치는 피해는 무시한다. 우리는 생명 유지를 위한 관계에서 벗어나 잉여를 위한 잉여를 얻는 것에 사로잡혀, 더 많은 시간 일하고, 덜 자고, 결국 우리 자신의 행동에서 빠져나오지 못하고 익사할 정도이다. 예를 들어, 우리가 아이들이 잠자리에 들기 전에 들여다볼 것인지, 또는 그날의 마지막 이메일을 확인할지는 두고 보아야 할 일이다.

건포도 명상이 가르쳐 주는 한 가지 교훈은 우리 자신을 포함한 모든 생명체가 보물이라는 것이다. 우리의 타고난 친절과 관대함은 함양될 수 있으며, 이 안에서 우리 자신과 타인을 향한 깊은 친절이 자라나듯이, 진정한 풍요로움이 깃든다. 마리아(Maria)는 이렇게 표현했다.

건포도를 씹는 것이 힘들었어요. 너무 폭력적이었어요. 처음에 나는 억지로 건포도를 씹었어요. 그러나 두 번째로 주의 깊게 건포도를 먹을 때는, 폭력 행위로 먹는 것이 아니라 교감을 하면서 씹을 수 있다는 것을 깨달았어요. 먹는 것이 신성한 행위가 되었

어요. …… 그리고 음식과 지금 내가 가진 모든 생명에 대한 연결
감에 감사함을 느껴요.

66   지루할 줄 알았어요.   99

　누군가 이런 말을 할 때, 내가 항상 묻는 첫 번째 질문은 "그래서
지루했습니까?"이다. 종종 이렇게 대답한다. "아니요, 하는 동안은
지루하지 않았어요. 그것에 대해 미리 생각했을 때만 그랬어요."
　연습을 하는 동안 참가자들은 다양한 방식으로 지루함을 이야기
한다. 군터(Günther)는 "명상 안내를 듣는 동안에는 그렇지 않았는
데 두 번째와 세 번째 건포도 명상은 지루했어요."라고 말했다. 존
(John)은 이렇게 말했다. "음, 저는 이 연습이 별로 재미없다고 생
각했어요. 제 말은, 이런 걸 할 시간이 없다는 거죠." 마리아가 덧붙
였다. "전 건포도를 아주 여러 번 먹어 봤어요. 건포도를 하나하나
살펴보아야 하는 것이 완전히 지루하지 않을까 걱정했어요." 브루
노(Bruno)는 이렇게 말했다. "나는 육체적 통증을 다루는 법을 배
우기 위해 여기 왔어요. 건포도를 먹으러 온 게 아니고. 이 연습은
바보 같아요."
　우리가 지루함이라고 꼬리표를 붙이는 상태는 때때로 가만히 있
지 못하고 현재 순간에 관심을 기울이지 않는 때이다. 또한 이 상태
에서는 마치 현재 경험이 주의를 기울일 가치가 전혀 없는 듯 느끼
기 때문에, 주의가 딴 데 가 있는 것 같다. 사실, 우리는 지루해지면
종종 생각에 잠긴다. 과거와 미래를 생각하고 있을지도 모른다. 전
에 본 적이 있기 때문에 지금 보고 있는 것을 알고 있다고 생각할지

도 모른다. 우리는 지금 일어나고 있는 일과 단절되어 있다.

우리는 지루함의 감각을 알아차리고, 언제 우리가 현재 일어나는 경험에서 발을 빼는지 알려 주는 신호로 그 감각을 사용할 수 있다. 그러면 지루함에 빠져들기보다, 그 순간 무슨 일이 일어나고 있는지에 대한 호기심을 불러일으킬 수 있다.

지루할 때는 그 상태를 철저히 살펴본다. 건포도 명상에서 했듯이 현재의 순간에 무엇을 경험하든지 그것에 관심을 돌려 본다. 그리고 다음과 같이 질문을 해 본다.

'지금 나는 무엇에 관심을 가지고 있지?'
'내가 무슨 생각을 하고 있는 걸까?'
'내가 뭘 느끼고 있지?'

마음챙김 상태에서는 생각이나 감정, 감각뿐만 아니라 몸/마음과도 매 순간 연결이 되어 자신의 삶 속에 현존하는 감각을 경험할 수 있다. 마음챙김은 특별한 상황에서만 발생하는 의식 상태가 아니다. 마음챙김을 실천하면서, 우리는 알아차리는 것을 배우고, 우리가 모르는 순간을 알아차리는 것이 가능하다는 것을 배운다.

마음챙김은 우리가 어디에 있고 무엇을 하고 있는지 알 수 있게 해 주며, 기쁨과 혼란 속에서 우리 자신의 몸이라는 집에 있게 해 준다.

3장

스트레스, 삶에서 부딪치는 도전, 그리고 마음챙김

3장에서는 세 개의 기본적인 질문을 고려해 본다.

- 스트레스란 무엇인가?
- 스트레스는 어떻게 시작되는가?
- 스트레스가 우리 삶에 어떤 영향을 미치는가?

이 과정에서 우리는 마음챙김 수련이 스트레스를 유익한 방향으로 해결하는 데 어떻게 도움이 되는지 살펴볼 것이다. 우리 저자들은 스트레스를 어떻게 극복할 수 있는지 살펴보기 전에 스트레스가 무엇인지 이해하는 것이 합리적이라고 생각한다. 이 주제를

탐구하기 위해 독일의 스트레스 전문가 중 한 명인 게르트 칼루자
(Gert kaluza) 교수가 개발한 것을 토대로 다음 연습을 해 본다.

연습: 스트레스 유발 요인과 스트레스 반응 탐구

이 문장을 완성하시오. "나는 ~할 때 스트레스를 받는다."

- 마음속에 떠오르는 것을 적는다. 스트레스를 받는 조건이나 상황에 대한 한
  가지 또는 긴 목록이 될 수 있다.
- 다음에는 이 문장을 완성한다. "나는 스트레스를 받을 때, ~하는 경향이 있
  다." 여기에는 스트레스를 받을 때 하는 것을 적는다. 예를 들면, "담배를
  더 많이 피운다. …… 무력하고 쓸모없는 기분이 든다. …… 나는 짜증이 난
  다. …… 조깅하러 간다."와 같다. 이런 방식으로 스트레스 유발 요인에 대
  한 개별적인 반응을 발견할 수 있다.
- 스트레스 유발 요인에 대한 반응을 주목하고 나면, 자신이 주로 반응하는
  단계를 스스로에게 물어본다.
  - 정서적 수준("걱정돼." "감당할 수가 없어." "너무 벅차." 등)
  - 신체적 수준(빠른 심장박동, 빈뇨, 떨림 등)
  - 행동 수준(흡연, 과잉 행동 등)
- 여러분의 스트레스 반응에는 이런 요소들이 포함될 수 있다.
- 이 연습을 하면서 분명히 스트레스를 유발하는 일상적인 것들을 알게 될
  수도 있다. 여기에는 직장에서 긴 하루를 보낸 후 쇼핑을 해야 하거나, 산만
  한 상황에서 집중해야 하거나, 사소하게 처리해야 할 일이 많은데 급해지거
  나, 혹은 여러 사람에게서 동시다발적인 요구를 받았을 때가 속할 수 있다.

나(Petra)는 어려운 과제에 직면했을 때나, 힘든 일이 생겼는데 다른 할 일이
너무 많아서 그 일을 할 수 있는 조용한 시간을 찾을 수 없을 때 스트레스를 받
는다. 마감일에 맞추어 일하거나 상황을 거의 통제할 수 없을 때 스트레스를 받
기도 한다.

스트레스를 유발하는 것은 결혼이나 사랑하는 사람의 죽음, 직업을 잃는 것과 같은 이른바 크고 극적인 사건들뿐만이 아니다. 우리의 신경을 갉아먹는 평범하고 자주 반복되는 상황이나 문제도 있다. 시간에 대한 압력이나 과도한 요구 또는 소음이나 제한된 공간과 같은 환경요인도 이러한 문제를 악화시키는 경우가 많다. 스트레스를 연구하는 사람들은 매일 귀찮게 여기는 것들이 스트레스 대처 기술에 있어 가장 큰 어려움이 될 수 있고, 따라서 가장 큰 건강상의 위험이 될 수 있다는 것을 확신한다.

매일 받는 스트레스 요인은 기계의 기어에 쌓이는 모래 알갱이로 비유할 수 있다. 처음에는 별 영향을 주지 않지만, 방치하면 기어나 우리 생활에 지장을 줄 수 있다. 그러다 우리가 감당하기 힘들어지면, 사소하게 전화벨이 울리거나 동료가 간단한 질문만 해도 스트레스를 받아 신체적·정서적으로 강렬한 반응을 할 수 있다. 그것은 속담에 나오는 대로 낙타 등을 부러뜨리는 지푸라기가 된다.

꼭 이래야만 하는 것은 아니다. MBSR의 중요한 측면은, 우리가 깨어 있는 태도를 유지하기 위해 일상생활에서 마음챙김 수련을 배우는 것이다. 또한 우리는 우리 자신을 친절하게 대하며, 비난하지 않고 현재로 부드럽게 돌아갈 수 있다. 이는 결과적으로 우리를 지지하고, 우리가 자동 반응에 휩싸이는 대신 조기 경고 신호를 인식하도록 도와준다. 예를 들어, 이러한 스트레스 요인에 대한 연습은 스트레스 경고 신호를 발견하는 방법을 보여 주는데, 이는 스트레스에 휘말리는 것을 피하도록 도와준다. 또한 마음챙김은 잠시 멈추고 질문하는 데 도움이 된다. '이 순간 내가 실제로 느끼는 감정은 무엇인가? 나의 몸은 내가 경험하고 있는 감정에 대해 무엇이라고 말하는가?' 이런 식으로 정신적으로나 감정적으로 실제로 존재하지는 않지만 자동 조종 장치로 전환하고 움직이려는 경향을 줄이면서, 스트레스 유발 요인과 반응을 알아차리는 것을 배울 수 있다. 나중에 우리는 이런 방식으로 마음챙김을 연습하는 것이 어려운 상황에 대처하는 데 얼마나 도움이 되는지 살펴볼 것이다.

목표에 도달하면 행복해질 거야

이 말은 많은 사람의 삶을 지배하는 태도를 반영한다. 우리는 종종 행복에 대한 약속이나 삶의 큰 사건에 대해 희망을 가질 뿐 아니라 관심도 집중시킨다. 결과적으로 우리는 이런 태도 때문에 생기는 미묘하고 만성적인 스트레스를 놓치는 경향이 있다. 우리는 "~하고 나면"이라는 태도가 삶을 다소 무의식적으로 지배하도록 만든다. 이를테면 "아이들이 집을 떠나면, 나 자신을 위해 시간을 더 낼 거야." 또는 "이 프로젝트를 끝내면 상황이 조용해질 거야." 와 같은 것이다. 우리는 새로운 자동차나 새로운 파트너가 생기거나, 해변으로 휴가를 떠나면 더 행복해질 것이라고 스스로에게 확신시키려고 노력한다. 현대 사회는 이러한 태도를 더 육성하고 강화하고 있는데, 만족감은 사회적 지위나 매력적인 외모, 성공과 부유함에서 나온다고 주장하며, 이러한 것들을 평온함, 이완, 삶의 질, 윤리보다 더 중요하게 여긴다. 호주의 작가이자 철학자인 알프레드 디 수자(Alfred D'Souza)의 말에 따르면, "오랫동안 진짜 삶이 막 시작될 것처럼 보였다. 하지만 우선, 해야 할 일, 마무리되지 않은 일, 여전히 시간이 필요한 일, 갚아야 할 빚 등 언제나 장애물들이 있었다. 이러한 것들이 해결되면 삶이 시작될 것이다. 하지만 결국 이런 장애물들이 내 삶이라는 걸 깨달았다."[14]라고 하였다. '~하고 나면'이라는 태도는 스트레스 유발 요인으로, 결코 일어나지 않을 수도 있는 무언가를 성취할 수 있다는 기대를 조장한다. 미래에 살면 현재를 놓친다.

만약 우리가 스트레스를 많이 받는 상황에 처해 있고 그것을 바꿀 수 없다고 생각하면, 종종 그것을 받아들이는 것 외에는 대안이 없다고 생각한다. 또는 스트레스에 익숙해져서 우리가 제 역할을 다하려면 스트레스가 필요하다고 믿는다. 종종 우리는 삶을 책임지는 대신에 단지 상황에 대응하는 결과로 끝내곤 한다. 이러한 모든 상황은 편안함을 기대하며, 주말이나 꿈같은 휴가만 바라보고 사는 결과를 낳을 수 있다. 그러면 방학이나 주말이 끝났을 때, 우리가 경험했을지도 모를 편안함이 곧 사라지게 될 것이다. 사실 현대 생활의 모순은 우리가 갈망하는 여가가 우리를 진정으로 편안하게 해주는 것이 아니라 스트레스의 또 다른 원인이 된다는 것이다.

'아무것도 하지 않기(doing nothing)'는 우리 사회에서 가치 있는 목표로 간주되는 경우가 거의 없기 때문에, 많은 사람이 가능한 한 많은 '여가 활동'을 '편안한' 주말에 집어넣는다. 때때로 우리는 "휴식하기 위해 더 많은 행위를 할수록, 스트레스에서 해방될 것이다."라는 암묵적 태도를 품는다. 주말이 지나 다시 한 주를 시작할 때 즈음, 우리는 아마도 텔레비전 시청, 영화 보기, 외식, 경쟁적 운동, 놀이공원이나 파티에 가는 것과 같은 활동들이 진정한 휴식으로 이어지지 않았음을 발견할 것이다. 우리는 걱정으로 주의가 산

만해졌을지언정, 휴식을 취하거나 진정 도움이 되는 방식으로 스트
레스에 대처하지 못하고 있다. 사실 우리는 스트레스를 받는 한 가
지 활동을 다른 활동으로 대체한 것이고, 좀 더 익숙한 활동에서 주
의를 다른 쪽으로 돌린 것이다. 그러나 이것은 여전히 우리를 '행위
모드'로 유지하는 활동이다. 하지만 오해하지 말자. 앞에서 언급한
여가 활동을 하지 말라는 것이 아니다. 단지 이 모든 것은 어떻게
접근하느냐에 달려 있다는 것이다.

스트레스에서 회복하기

신체적 스트레스와 이완의 역학에 관한 연구에 따르면, 건강을 해
치지 않기 위해서 모든 스트레스와 운동에는 휴식과 이완 단계가 뒤
따라야 한다. 동시에, 휴식 단계의 시간은 스트레스 유형과 그 기간
에 따라 달라진다. 스트레스 단계가 더 오래 지속될수록, 회복하고
필요한 동기와 능력을 가지고 다음 스트레스 기간에 들어갈 준비를
하는 데 더 오랜 시간이 걸린다. 그러나 대부분 사람들은 일상생활
에서 이렇게 할 수가 없다. 그들은 전혀 휴식을 취하지 않거나 새로
운 활동 단계에 들어가기 전에 충분히 회복할 만큼 쉬지 않는다.

진정으로 휴식이 되는 오락 활동을 선택하는 것이 중요하다. 가
장 도움이 되는 것은 기분을 좋게 하고 정신의 긴장을 푸는 데 도움
이 되는 회복적 활동이다. 종종 이것은 심지어 우리가 휴식을 취하
기 위해 누웠을 때도 일어나지 않는다. 우리의 몸은 누워 있지만,
마음은 여전히 계획이나 걱정, 공상으로 바쁘다. 우리는 진정한 휴

식을 취하기가 어렵다. 정신 활동이 줄어드는 것은 효과적인 회복을 위한 필수 요소이며, 그것은 우리가 마음챙김 명상에서 실행하는 것과 정확히 일치한다.

마음챙김 명상은 또한 우리의 생각과 감정을 비판단적으로 관찰하기 위한 접근법을 개발하는 것이다. 그렇게 함으로써, 우리는 종종 스트레스와 불편함의 주요 원인이 되는 끝없이 이어지는 생각 속에서 길을 잃는 상황을 피할 수 있다.

다음 연습은 생각을 생각으로 관찰함으로써 우리가 의미하는 바를 이해하는 데 도움이 된다. 이 연습이 끝났을 때, 무엇이 특별히 흥미롭고 새로운 것으로 여러분을 감동시켰는지 그리고 생각을 관찰했을 때 무엇을 경험했는지 살펴보는 시간을 가진다. 생각을 조금도 관찰할 수 없어도 걱정하지 마라. 그것은 정상적인 일이다. 다른 시간에 연습을 반복해 본다. 스트레스를 덜 받는 방법으로 생각을 알아차리기까지는 꽤 많은 훈련이 필요하다.

생각 관찰 연습

- 첫째, 의자, 소파, 침대, 명상용 쿠션이나 벤치 등에 앉아 편안하게 긴장을 풀고, 척추를 똑바로 편 자세를 취한다. 현재 자신의 자세와 몸에서 느껴지는 감각을 알아차린다. 아마도 바닥과 직접 접촉하는 몸의 감각을 느낄 수 있을 것이다. 그러고 나서, 몸의 위치를 바꾸지 않고, 몸 전체를 알아차린다. 현재 느껴지는 어떤 감각에 주목하거나 단순히 몸 전체를 있는 그대로 알아차린다. 2분 정도 이렇게 한다.

- 이제, 호흡에 주의를 기울이고 몸이 숨을 쉬고 있다는 사실을 알아차린다. 이렇게 하는 동안, 아무것도 바꿀 필요가 없다. 예를 들어, 숨을 조절하거나, 더 깊이 들이쉬거나, 또 다르게 바꾸려고 노력할 필요가 없다. 최대한 단지 숨을 들이쉬고…… 숨을 내쉬고…… 다음 숨이 따라오고…… 이렇게 숨을 느끼도록 잠시만 시간을 낸다. 만약 숨을 느끼는 데 문제가 있고 호흡을 조절하려고 하는 경향이 있다면, 부드럽게 이것을 알아차린다. 그냥 앉아서 약 2분 동안 호흡 마음챙김 훈련을 계속한다.

- 고요히 앉아서 자연스럽게 호흡하면서 일어나는 생각을 알아차리기 시작한다. 만약 이것이 어렵다면, 영화관에 앉아 빈 화면을 보면서 여러분의 생각이 화면에 비춰지기를 기다리고 있다고 상상해 본다. 이러한 생각들이 나타나면 그냥 그것들을 관찰하고, 만약 여러분이 개입하지 않는다면 무슨 일이 일어나는지 알아본다. 어떤 생각들은 그것들을 알게 되자마자 사라질 것이다. 다른 것들은 남아 있거나 다시 떠오를 것이다. 계속해서 그것들을 그저 생각이나 '마음에서 일어나는 사건'으로 알아차리고, 영향을 끼치거나 말려들지 말고 생각이 화면에 나타나고 사라지는 것을 지켜본다. 만약 극장에 앉아 있는 상상이 도움이 되지 않는다면 자유롭게 다른 이미지를 상상해 본다. 예를 들어, 생각이 하늘을 흘러가는 구름인 듯 관찰하거나 강가에 앉아 생각이 마치 배처럼 흘러가는 것을 보고 있는 자신을 상상해 본다.

- 준비가 되었으면 앉아 있는 동안 몸으로 주의를 돌려 연습을 끝낸다. 스트레칭을 하거나 깊은 호흡을 몇 번 하고 싶을 수도 있다.

- 생각을 관찰할 때, 우리는 한 걸음 뒤로 물러서서 생각에 얽매이지 않고 관찰할 수 있다. 몇 초 동안이라도 이런 경험을 하면, 자동 조종에 빠져드는 경향이 중단되고 마음챙김 수련이 심화된다.

요약해 보면, 연습은 세 단계로 구성된다.

1. 편안하게 앉은 자세로 몸을 알아차린다.
2. 호흡으로 주의를 돌리고 호흡 감각을 알아차린다.
3. 생각에 빠지지 말고 생각의 흐름을 관찰한다.

스트레스란 무엇인가

과학에서는 '스트레스(stress)'라는 단어가 하나로 정의되지 않는다. 일상적인 사용법에서, 이 단어는 일반적으로 정신적 또는 신체적 긴장이나 불편함을 나타낸다. 어떤 사람들은 스트레스를 한 번도 겪어 본 적이 없다고 주장하는데, 이는 그들 삶의 모든 것이 순조롭게 돌아가고 있다는 것을 암시한다. 하지만 종종 사람들은 스트레스가 그들의 삶에 미치는 영향을 과소평가한다. 왜냐하면 스트레스를 받는다는 것은 우리 사회에서 부정적인 것을 의미하기 때문이다. 만약 스트레스를 받는다면, 종종 "스트레스 때문에 지쳤어요."라고 말하는데, 이는 우리 삶 속에 스트레스를 일으키는 환경이 존재한다는 것을 의미한다. 가끔 우리는 "내 직업은 정말 스트레스를 많이 받아요."라고 말하는데, 이것은 외부적인 스트레스 요인으로 너무 많은 것을 요구받은 경험을 말해 준다. 어떤 사람들은 스트레스가 그들에게 바쁘고 중요하다는 느낌을 주기 때문에 그들이 받는 스트레스에 대해 자부심을 갖는다.

스트레스 이론의 아버지, 캐나다계 헝가리인 내분비학자 한스 셀리에(Hans Selye) 박사는 1936년에 스트레스를 변화에 대해 요구되는 비특이적 신체반응으로 정의했다. 그는 상처 입은 동물들의 생리적 변화에 대한 수많은 연구를 바탕으로 스트레스 유발 요인[또는 스트레스 요인; stress trigger(or stressor)]이라는 용어를 만들어 냈다. 스트레스 요인에는 신체적 통증과 힘든 감정을 포함하여 잠재적 위협을 나타내는 외부 요인과 내부 요인이 포함된다. 만약 우리가 스트레스 유발 요인에 직면하게 되면, 그것은 소위 스트레스 반응이라는 것을 활성화시킨다. 이 반응은 나중에 보게 될 것처럼 특정 패턴이 있다.

스트레스 유발 요인

스트레스를 일으키는 요인은 사람마다 다르며, 어떤 것은 잠재적이다. 여기에는 다음과 같은 것들이 있다.

- **생리적 요인**: 통증, 장애, 질병, 기아, 갈증, 심장 두근거림 또는 위장의 더부룩함과 같은 증상
- **환경적 요인**: 심한 추위, 소음, 열 및 기타 자연 현상
- **업무 관련 요인**: 마감 기한, 재정적 압박, 시험, 과로 및 동기 저하
- **사회적 요인**: 관계 대립, 따돌림, 고립, 가족 문제, 이혼 및 사랑하는 사람의 죽음

스트레스 유발 요인은 급성 요인과 만성 요인이 있다. 업무 마감일이나 한 번의 시험과 같은 **급성**(acute) 스트레스 요인들은 스트레스를 일으키는 요인 중 일시적인 것이다. 아픈 친척을 돌보는 것, 경제적 어려움, 장애 아동을 돌보는 것, 갈등이 많은 직장생활 또는 지속적인 관계문제와 같은 **만성**(chronic) 스트레스 요인들은 더 오랫동안 우리에게 부담을 준다. 또한 예측 가능한 스트레스 요인(예: 면접, 결혼, 소득세 환급 준비)과 예측할 수 없는 스트레스 요인(예: 사

고 또는 직장 퇴직)이 있다.

잠시 시간을 내서 자신의 전형적인 스트레스 요인에 대해 적어 둔다. 자신의 스트레스 요인을 아는 것은 그것이 우리에게 끼칠 수 있는 부정적인 영향을 줄이거나 바꾸는 데 있어서 중요한 단계이다.

스트레스 반응

스트레스 요인에 대한 인체의 반응은 매우 복잡한 과정이다. 이것은 신경계를 통한 신속한 정보 전달과 아드레날린, 노르아드레날린, 코르티솔을 포함한 여러 가지 스트레스 호르몬의 급상승 및 분비를 포함한다. 만약 스트레스 반응이 계속된다면, 세로토닌, 도파민, 그리고 몸 자체의 엔도르핀 같은 호르몬들도 분비될 것이다. 스트레스 반응에는 보호기능뿐 아니라 적응기능이 있다. 이것이 스트레스를 매우 유용하게 만드는 것이다. 스트레스는 삶이 어려움에 직면했을 때 재빨리 대처하는 데 필요한 에너지를 준다. 셀리에 박사가 말했듯이, "스트레스는 삶의 풍미를 더해 준다."

스트레스 반응은 과다각성이나 투쟁-도피 반응으로 알려진 것처럼 매우 활성화된 상태이다(이때 몸은 투쟁이나 도피를 준비하고 있기 때문에, 생리학적인 수준에서 위험에 반응하고 있다). 코르티솔 호르몬은 우리 몸—특히 장기와 근육—이 활동할 준비를 하도록 분비된다. 건강한 사람의 코르티솔 수치는 매일 활동을 시작할 때 더 많은 에너지를 제공하기 위해, 아침에 가장 높은 수준이 될 것이다.

스트레스 반응은 다양한 수준에서 자동적으로, 동시에 일어난다.

- **생리학적 반응**: 스트레스 호르몬 방출이 증가하고 몸은 투쟁-
  도피 모드로 진입하는 등 적응 반응이 일어난다. 혈압 상승, 심
  장박동 증가, 근육 긴장감 증가, 소화 활동 감소가 나타난다.
- **정신적 반응**: 마음은 종종 '나는 할 수 없다.'는 부정적인 생각을
  포함하여 불안을 자극하는 생각으로 가득 차 있다. 반대로 마
  음이 공허해지거나 공황 상태가 될 수도 있다.
- **정서적 반응**: 자신을 마비시키고 스트레스를 증가시킬 수 있는
  내면의 동요뿐 아니라 무력감, 분노 또는 불안을 경험할 수 있
  다. 또한 활동이 증가하고 아드레날린이 방출된 결과로 행복
  감을 느낄 수도 있다.
- **행동적 반응**: 이 범주에는 과식이나 식사 거부, 흡연, 카페인 섭
  취 증가, 빠른 대화, 과잉 활동 및 약물 남용 등 다양한 것이 포
  함된다.

어떤 반응은 스트레스 징후를 악화시킬 수 있다. 예를 들어, 겁
에 질려 입이 마르고 심장이 두근거리는 경험을 하면, 어떤 종류의
두려움이든 증폭될 수 있다. 두려움이 커지면 생각에 영향을 미치
게 되어 부정적인 생각이나 공황 상태에 빠지게 된다. '나는 이것을
더 이상 참을 수 없다.' 또는 '죽을 수도 있겠다.' 또는 '나는 미친 것
같다.'와 같은 파멸의 생각으로까지 이어질 수도 있다. 이 시점에서
우리는 부정적인 생각 때문에 하향 나선형을 그리는 스트레스 주
기에 휘말릴 위험에 처하고, 이것은 다시 두려움, 분노, 혹은 무력
감으로 이어진다. 이러한 방식으로 부정적인 사고가 다시 강화되
고, 동시에 이러한 감정과 불안한 생각이 결합되어 혈액 속 호르몬

의 균형이 깨지고, 장기적으로 면역계와 심장에 영향을 준다.

스트레스 유발 요인과 반응에 대한 마음챙김은 스트레스 반응으로 생기는 해로운 영향을 줄이거나 완화시킬 수 있다. 우리의 반응을 면밀히 관찰함으로써 생각과 감정을 더 잘 알 수 있다. 그 결과, 스트레스에 쉽게 압도되지 않는다. 앞서 언급했듯이, 우리는 생각의 내용에 빠져들지 않고 생각을 '정신적 사건'으로 관찰하는 법을 배울 수 있다. 이럴 때 우리는 어떤 생각이 우리를 지배하도록 두기보다, 그 생각이 추구할 가치가 있는지 아는 능력을 강화하게 된다.

한 사람에게는 긍정적인 도전, 다른 사람에게는 스트레스 요인

스트레스 연구는 기계적인 관점에서 사람들과 환경 사이의 역동적인 관계를 받아들이는 모델로 변하면서 수십 년 동안 많은 발전을 해 왔다. 비록 스트레스 연구가 여전히 스트레스 반응은 스트레스 요인에 따른다는 가정하에 진행되고 있지만, 한 사람에게 부정적인 스트레스 요인이 되는 일이 다른 사람에게는 도전일 수도 있고 일상적인 일일 수도 있다. 나(Petra)에게 강의는 엄청난 스트레스 요인이었다. 일을 시작할 무렵, 나는 강의 경험이 거의 없었다. 나는 강의를 어렵고 벅찬 과제로 여겼다. 심지어 강의를 할 수 없을 것 같아서 강의 요청을 거절하기도 했다. 나는 스트레스를 일으키는 요인에 대한 개인적인 평가를 했고, MBSR을 연습하기 시작했으며, 이제는 도전에 직면하고 강의하는 것을 즐긴다.

이것은 미국의 심리학자 리차드 라자루스(Richard Lazarus)가 상호작용 모델을 만들었을 때 그가 말하고자 했던 바를 잘 보여 주는 예이다. 스트레스의 경험과 스트레스 요인이 우리의 웰빙에 미치는 영향은 주로 우리의 인식에 달려 있다. 이는 결과적으로, 우리가 우리의 스트레스 대처 능력을 어떻게 평가하는가에 영향을 받는다.

여기에 좋은 소식과 나쁜 소식이 함께 있다. 라자루스의 이론에 따르면, 인지된 스트레스를 최소화하고 반응을 감소시키기 위해 우리가 무언가를 할 수 있다. 즉, 잠재적인 스트레스 유발 요인에 직면했을 때 정신적 과정에 마음챙김을 할 수 있다. 이것은 또한 우리가 건강과 삶의 방식에 대해 좀 더 책임을 질 수 있는 수단을 제공한다.

만약 스트레스의 원인이 전적으로 외부에 있다면, 우리는 환경에 의해 좌우될 것이다. 그렇지 않다! 심지어 가장 어려운 상황에서도 우리는 평정을 유지하는 법을 배울 수 있고, 스트레스 수준을 상당히 완화시킬 수 있다. 넬슨 만델라(Nelson Mandela)가 수십 년을 감옥에서 보냈지만 결코 용기를 잃지 않았던 것과 고문을 당한 티베트의 비구와 비구니들이 고문자들에게 연민의 마음을 가지는 것과 같은 인상적인 예가 있다. 비록 극단적인 사례들이지만, 가장 불리한 상황에서도 어려운 경험에 대처할 때 우리의 사고방식을 선택할 수 있다는 원칙을 설명해 주고 있다.

우리는 그냥 웃고 견뎌야 할까

오해하지 않기를 바란다. 마음챙김 수련은 어려운 상황과 불리한 환경을 수동적으로 관찰하고 견디게 하는 것을 의미하지 않는다. 이와는 반대로, 마음챙김은 개인생활과 직장생활에 있어서 불공평하거나 불쾌한 상황을 좀 더 명확하게 인식하고, 그 상황을 해결하기 위한 최선의 행동 방침을 결정할 수 있게 한다. 여기에는 연봉 인상을 요구하거나, 직업을 바꾸거나, 대화를 통해 상황을 정리하거나, 관계를 끝내는 것 등이 있다.

스트레스 대응 방식은 매우 복잡하고 자동적이며 조건화된 과정으로, 이는 우리 몸이 삶의 변화하는 현실에 적응하도록 도움을 준다. 결과적으로, 스트레스 반응은 보호기능을 가지고 있다. 결국에는 스트레스 요인이 되는 잠재적 스트레스 유발 요인을 위협으로 경험하는 정도는, 의식적으로든 무의식적으로든 이 스트레스 요인에 대한 우리의 후속 평가를 상당 부분(어떤 연구원들에 따르면 전적으로) 결정한다. 우리의 태도, 기술 및 능력, 즉 어려움을 극복하기 위한 도구는 우리가 스트레스에 대응하고 다루는 방법에 있어 매우 중요하다. 우리가 상황을 감당할 수 있고 도전에 대처하기 위해 활용할 자원이 충분하다고 생각한다면, 우리의 스트레스 반응은 그 상황에 대처할 수 없다고 가정할 때보다 강도가 현저하게 낮아지고 지속 시간이 짧아질 것이다.

여기가 스트레스를 증폭시키는 생각이 중요한 역할을 하는 지점이다. 이 생각들은 자동적으로, 즉 무의식적으로 발생하는 경향이

있고, 그러면 우리는 무언가 또는 누군가가 우리를 스트레스 반응
모드로 밀어 넣는 스트레스 요인이라고 여긴다. 전형적으로 스트
레스를 증폭시키는 생각은 다음과 같다.

'절대로 잘 해낼 수 없어.'
'나는 이 일을 잘 못해.'
'내가 직접 하는 게 낫겠어.'
'모두를 기쁘게 하고 싶다.'
'항상 모든 걸 완벽하게 해야 해.'

스트레스를 증폭시키는 생각은 우리의 내적 요구와 그에 따른
행동과 감정에 관련되어 있다. 전형적으로 스트레스를 키우는 생
각에는 완벽주의, 실패나 실수에 대한 두려움, 거절에 대한 두려움,
모든 것을 통제하려는 욕구, 지나친 무력감에 대한 두려움이 포함
된다.

스트레스는 A의 결과로 B가 발생한다는 선형적이고 기계적인
과정이 아니라 오히려 매우 개별적인 문제이다. 한 사람에게는 스
트레스인 일이 다른 사람에게는 그렇지 않을 수 있다. 그리고 스트
레스의 경험과 그 결과로 건강에 미치는 영향은 매우 개인적이고,
동시에 대부분 잠재적이거나 무의식적이기 때문에, 스트레스를 겪
는 동안 생리적, 정신적, 정서적인 상황에서 어떤 일이 일어나는지
를 아는 것은 중요하다. 우리가 아는 한, 사람들이 이러한 요소들을
알아차리도록 훈련시키는 데 마음챙김 연습보다 더 적합한 것은
없다.

이 시점에서, 우리는 일상생활에서 마음챙김을 기르는 데 도움이 되는 방법을 소개하고자 한다. 규칙적으로 연습하면 스트레스의 순환주기를 멈추는 데 도움이 된다. 심리학자 존 티즈데일(John Teasdale), 진델 시걸(Jindel Segal), 마크 윌리엄스(Mark Williams)는 마음챙김을 근거로 한 인지치료 프로그램(MBCT)의 일환으로 이 연습을 개발했다.[15] 3~5분밖에 걸리지 않기 때문에, 일상에 적응하기가 쉽다.

호흡 공간 연습

- 편안하고 똑바로 앉은 자세에서 시작한다. 이 자세는 현존감과 깨어 있음, 존엄성, 개방성을 표현한다. 눈을 감을 수도 있고, 눈을 뜨기를 원한다면 부드러운 시선으로 아래쪽으로 초점을 맞춘다.
- 스스로에게 질문을 던지며 시작한다. '지금 내 몸과 마음에서 무슨 일이 일어나고 있는가?' 아무것도 바꾸려고 하지 않는다. 단지 지금 이 순간 몸과 마음에 무엇이 존재하는지 알아차린다. '어떤 생각들이 내 마음속에 흐르고 있고, 내가 어떤 감정을 느끼고 있으며, 어떤 신체적 감각을 느끼고 있는가?'라고 스스로 묻는다면 도움이 될 것이다. 가능한 한 부드럽게 알아차린다.
- 두 번째 단계에서는 호흡하는 동안 경험하는 감각에 주의를 돌려 호흡을 명확하게 느끼는 신체의 한 부분을 알아차린다. 할 수 있는 만큼 들숨과 날숨의 전 과정을 순간순간 알아차린다. 또한 호흡 사이의 멈춤도 알아차린다.
- 세 번째 단계에서는, 호흡에서 몸 전체로 알아차림을 확장한다. 몸이 차지하는 전체 공간과 이 순간 몸에서 드러나는 어떠한 감각이든지 느껴 본다. 마치 온몸이 숨 쉬는 것처럼, 친절한 마음으로 지켜본다. 만약 특별히 강한 느낌이 있다면, 어떤 식으로도 그것을 바꾸려고 하지 말고, 있는 그대로 알아차릴 수 있는지 본다. 만약 원한다면, 숨을 들이마실 때 이 신체 부위로 숨이 흐르게 하고, 숨을 내쉴 때 부드러워지게 해 본다.
- 연습은 자신의 속도에 맞게 끝낸다.

호흡 공간 연습의 첫 번째 단계에서, 우리는 현재 순간에 주의를 모을 시간을 갖는다. 이 연습은 우리가 평소의 목표지향적 의식 모드에서 벗어나서 판단하거나 바꾸지 않고 지금 여기에서 관찰하고 만나는 것과 연결되도록 유도한다. 여러분은 특별히 마음에 들지 않는 생각을 알아차리거나 신체 어느 부위가 긴장하고 있다는 것을 알아차릴 것이다. 이 연습 단계는 경험에 관해 무엇을 하는 것이 아니라, 경험이 일어나고 있음을 인정하는 것이다. 스스로에게 이렇게 말해 본다. "이런 생각을 해도 좋다. 이렇게 느끼는 것을 허용한다. 긴장해도 괜찮다." 이것은 큰 안도감을 줄 수 있다.

두 번째 단계에서는, 들숨과 날숨을 알아차리는 것을 연습한다. 이 연습은 보통 우리의 생각이 방황하는 경향이 있음에도 불구하고, 현재에 집중하는 능력을 향상시키면서 호흡이 안정되도록 돕는다. 잠시 동안 우리는 끊임없이 바쁜 흐름을 멈추고 호흡의 파도를 타면서 들숨과 날숨 그 사이의 멈춤뿐만 아니라 연습을 하는 동안 우리가 경험하는 감각도 알 수 있다.

세 번째 단계는 우리의 관점을 넓히고, 정신적 이완을 경험하며, 새롭고 신선한 활력을 가지고 일상생활로 되돌아가게 한다. 이 단계에서는 생각 관찰에서 몸 전체에 대한 경험의 알아차림으로 옮겨 간다. 그렇게 함으로써, 우리는 사물을 더 넓은 관점에서 관찰하도록 도와주는 외적 공간뿐만 아니라 내적 공간도 감지할 수 있다.

이 연습은 규칙적으로 하면 가장 효과적이다. 2주 동안 매일 직장이나 학교에서 집으로 돌아온 후에 우선 호흡 공간 연습을 해 본다. 또는 아침에 집을 나서기 전이나 사무실에 도착하여 컴퓨터를 켜기 전에 하는 것도 좋다. 일상생활에서 호흡 공간 연습을 꾸준히

하는 방법을 찾아서 해 보고, 이것이 여러분에게 어떤 차이를 만들어 내는지 관찰해 본다.

병원에서 일하는 안젤리카(Angelika)는 호흡 공간 연습의 효과를 다음과 같이 설명했다.

> 병동에 대한 스트레스가 점점 더 심해지고 있다는 사실을 알아차릴 때, 다시 말해서 정신없이 뛰어다니고, 뭔가를 잊어버리고, '나는 이 모든 일을 처리할 수가 없어! 도대체 이 일을 어떻게 하루에 끝내라고?' 이런 생각이 반복해서 들 때 호흡 공간 연습을 떠올려요. 화장실에 잠깐 가면 방해받지 않고 할 수 있어요. 그 후, 병동으로 돌아가면 상황이 다르게 보여요. 저는 더 편안하게 한 번에 한 가지 일을 할 수 있게 되지요. 상황이 더 순조롭게 진행되고, 전에는 너무 어려워서 할 수 없다고 생각했던 모든 일을 해내고 있어요. 그리고 미루어 둔 것이 있어도, 내일까지 미루어도 된다는 것을 알고 침착할 수 있어요.

스트레스가 습관이 될 때

현대 사회에서 스트레스가 왜 그렇게 문제가 되는지, 왜 그렇게 많은 사람이 규칙적으로 스트레스의 영향으로 고통을 받는지에 대한 또 다른 이유가 있다. 스트레스 반응은 몸을 비상사태로 만들고 앞서 설명한 대로 팽팽한 긴장상태인 투쟁-도피 반응을 시작하게 한다. 우리의 모든 힘줄은 싸우거나 달아날 목적으로 갑자기 행동에 돌입하도록 프로그램화되어 있다. 이것은 원시적인 반응으로, 우리가 생존을 위해 투쟁하던 먼 과거에는 도움이 되었던 것이다. 하지만 오늘날에는 거의 필요하지 않다. 사실, 그러한 반응은 대부분의 상황에서 완전히 부적절한 것이다. 일반적으로, 현대 스트레스 요인들은 생명과 신체에 덜 위협적이지만, 그럼에도 자존감과 사회적 지위, 또는 존경, 수용, 관심, 사랑에 대한 필요성에 강한 영향을 미친다. 어려움을 부인하고 두려움에 직면하기를 피할 때, 우리는 심리적인 차원에서 절박한 상황으로부터 달아나고 있는 것이다.

사회적 또는 정서적 스트레스 요인은 신체적으로 위협적인 실제 상황에서와 똑같이 투쟁-도피 반응을 유발한다. 투쟁이나 도피가 일어나지 않을 때는 몸이 신체적 준비(근육의 긴장을 느끼는 것 등등)를 하면서 무슨 일이 일어나는가? 스트레스 반응은 안쪽으로 향한다. 우리는 그것을 몸속에서 내면화한다. 만약 이 심각한 스트레스를 완화할 방법을 찾지 못하면, 지속적인 긴장, 심혈관계 질환, 혈압 상승, 내적 동요, 기분 저하, 불안 또는 우울증을 포함하여 만성적으로 건강에 심각한 결과를 초래할 수 있다.

스트레스는 우리의 일상적인 현실의 한 부분이다. 종종 이러한 에너지와 그에 따른 감정을 배출하는 건강한 출구가 없기 때문에, 그 호르몬들은 투쟁 혹은 도피 반응 때처럼 흡수되기보다는 우리의 혈류 속에 남아 있게 된다. 앞서 논의했듯이, 우리 사회는 스트레스를 느낄 때 투쟁-도피 반응 대신 억누르는 반응을 강화하고 있다. 우리의 감정을 이해하고, 약점을 인식하며, 스트레스를 다루는 데 도움이 되는 적절한 휴식 시간을 가지는 것과 같은 행동은 우리 사회, 특히 직장이나 교육 환경에서 거의 격려받지 못한다.

인생에서 일이 가장 중요할 때

직장생활을 즐기고 직업을 자부심과 성취감을 높이는 방법으로 보는 사람들은 일에 중독될 수 있다. 스톡홀름에 있는 카롤린스카 연구소(Karolinska Institutet)의 마리 아스버그(Marie Asberg) 교수는 심리학자인 진델 V. 시걸(Zindel V. Segal)과 J. 마크 G. 윌리엄스(J. Mark G. Williams) 및 존 D. 티즈데일(John D. Teasdale)이 『우울증을 위한 마음챙김에 근거한 인지치료(Mindfulness—Based Cognitive Therapy for Depression)』(2002, 2012)에서 자세히 설명한 이러한 상황을 연구했다. 그녀는 우리가 스트레스를 받을 때, 보통 그 스트레스를 완화시킬 수 있는 일들을 멈추는 경향이 있다는 것을 보여 주었다.

예를 들어, 영화를 보러 가거나, 친구들을 만나거나, 혹은 취미활동을 하지 않는 것이다. 결과적으로, 우리의 삶은 점점 더 좁아지게 된다. 남는 것은 일 혹은 에너지와 동기부여를 뺏는 다른 스트레스 요인들뿐이다. 동시에 낙담, 무기력, 죄책감, 수면장애, 감정의 기복, 심지어 우울증과 같은 증상들이 일어날 수 있다. 게다가 아스버그 교수는 이렇게 삶의 질이 떨어질 때 가장 영향을 크게 받는 사람들은 가장 양심적이고 일에 전념하며 자신감이 주로 자신의 성공에 달려 있는 사람들, 즉 우리 사회에서 유능하고 성취를 이루었다고 인정받는 사람들이라는 것을 발견했다. 아스버그의 연구는 건강에 부정적인 영향을 끼칠 수 있는 것이 실업과 직장 내의 긴장감뿐만이 아니라는 것을 보여 준다. 성공적인 직장생활과 그에 따른 초기 만족감은, 만약 우리가 마음챙김을 하지 않고 그것이 줄 수 있는 긴장을 상쇄하지 않는다면, 해로울 수도 있다.

만성 스트레스 증상인 수면장애, 고혈압, 무기력, 기억상실, 소화장애, 감염 취약성, 심지어 심장마비가 나타날 때까지 기다린다면, 우리 몸은 이미 너무 약해져서 회복하는 데 몇 주, 몇 달, 혹은 심지어 몇 년이 걸릴 수도 있다.

종종 신체적 또는 정서적으로 무너지기에 앞서 커피, 알코올, 담배, 처방약 등 중독성 있는 물질의 과도한 소비를 포함하는 유해한 '대처' 전략이 사용되는 경우가 많은데, 이 전략들은 모두 초기에는 진정 효과가 있지만 일단 중독되면 궁극적으로 파괴적이다. 유익한 방식으로 스트레스를 관리하려면, 단기간의 압박과 긴장을 잘 다루어서, 질병을 일으키는 만성 스트레스 요인이 되지 않게 하는 전략과 습관이 필요하다. 동시에, 우리는 긴장과 이완 사이에 미묘한 균형이 이루어지게 하고, 마음챙김으로 우리의 욕구와 우리 자신이 접촉할 수 있도록 삶의 방식을 개발하는 데 우선순위를 두어야 한다.

마음챙김은 스트레스에 어떻게 도움이 되는가

스트레스 요인과 스트레스 반응을 인식하는 법을 배워 마음챙김을 통해 스트레스를 줄일 수 있다. 이것은 우리가 의식적인 결정을 내릴 수 있도록 활동하는 동안 마음챙김하며 잠시 멈추는 것도 포함한다.

평소의 자동 반응 과정에 마음챙김을 불러들이는 행위는, 그 자체로 우리의 인식을 넓혀 주기 때문에 유익하다. 다시 말해서, 마음을 챙기지 않고 있다고 알아차리는 순간, 실제로는 마음챙김을 수련하고 있는 것이다.

스트레스 경험에 이 원리를 적용할 수 있다. 어떤 사람이 '스트레스 받는다'고 말하면서 신체의 호흡 감각을 알아차리기 위해 멈추면, 그 사람은 이미 자동 반응을 끝내고 다른 방식으로 상황에 대응하는 첫걸음을 내딛은 것이다. 일단 마음챙김을 배우고 연습하면, 마음챙김으로 관찰하고 성찰하는 능력을 개발할 수 있다. 알아차림과 비판단적 관찰은 행동을 위한 정신적이고 감정적인 공간을 만드는 데 도움이 되며, 이것은 상황이나 문제에 대처하는 데 더 도움이 되는 방법의 선택으로 이어질 수 있다. 이런 식으로 의사결정은 무의식적이고 습관적인 패턴인 자동 조종 모드에서 발생하지 않으며, 반응은 자동적이기보다는 창의적이 된다.

의식적으로 선택해서 스트레스 반응을 완화한 예로, MBSR 과정의 3회기에서 캐서린(Kathrin)이 말한 경험을 들 수 있다. 그녀는 자신이 차에 타자마자 자동적으로 라디오를 켜는 것을 깨달았고, 그것이 항상 그녀에게 좋지만은 않았다고 말했다. 그녀는 생각 없이 이 행동을 몇 년 동안 계속했다.

> 지난주에 차에 타서 라디오를 켜는 줄도 모르고 켰어요. 회사에서 힘든 하루를 보내서, 정서적으로도 진이 빠지고 지쳤지요. 아직도 해야 할 쇼핑과 학부모 모임에 대해 걱정하고 있었고, 남편이 참석할지, 아니면 내가 가야 할지 걱정했어요. 동시에, 어머

니 생신 선물을 사야 한다는 것을 생각하고 있었어요. 갑자기 속이 울렁거렸고, 그다음에 속이 쓰린 걸 느꼈어요. 그리고 운전대를 초조하게 두드리고 있다는 것을 알아차렸어요. 신호등에서 멈춰야 했을 때는, 분노가 치밀어 오르는 것을 느꼈어요.

이것이 저를 정신이 들게 했어요. 저는 마음챙김 과정과 그곳에서 배운 내용을 기억했어요. 정신을 가다듬고 의식적으로 호흡에 주의를 모았어요. 조용히, 저를 멈추게 하고 생각할 시간을 가지게 한 빨간불에 감사했어요. 되돌아보며 스스로 '나는 지금 무엇을 알아차리고 있는가? 지금 내 몸에 어떤 감각이 있는가?'라고 물으면서 저는 라디오에서 나오는 음악이 실제로 마음에 들지 않는다는 것을 깨달았어요. 더 이상 들을 기분이 아니었어요. 저에게 필요한 것은 평화와 고요함이었죠. 이것은 마음을 챙기는 그 순간에 정말로 분명했어요.

라디오를 끄자, 즉시 기분이 달라졌어요. 나는 깊이 호흡을 몇 번 하고 계속 길을 갔어요. 더 차분해지고 긴장이 풀렸어요.

그 이후로 캐서린은 라디오를 '자동적으로' 켜는 것이 아니라 정말로 라디오를 듣고 싶을 때만 켠다고 말했는데, 듣는 횟수가 예전보다 크게 줄었다고 한다. 그녀가 라디오를 켤 때는 의식적으로 연주되는 음악이나 프로그램을 즐긴다. 이것은 '의식적인 선택을 한다'는 것이 무엇을 의미하는지 보여 준다.

우리의 예는 단지 마음챙김이 스트레스를 받는 상황에 대처하는 또 다른 기술이라는 인상을 줄 수 있다. 즉, 단지 조금 더 주의를 기울이기만 하면 모든 일이 더 잘 풀릴 것이라는 생각 말이다. 그러나

이는 결코 마음챙김이 아니다. 사실, 마음챙김을 규칙적으로 한다면, 그것은 일상생활의 질을 근본적으로 바꿀 수 있는 잠재력을 가지고 있다.

스트레스 그리고 스트레스 반응과 증상

- 스트레스는 개인마다 그 영향이 상당히 다른 역동적 사건이다.
- 스트레스 요인과 스트레스 반응은 구분해야 한다.
- 스트레스 반응은 생리적, 정서적, 정신적, 행동적 반응과 같은 네 가지 단계로 나타난다.
- 스트레스 반응의 활성화 상태를 통과하면서 스트레스에 잘 대처하려면 생리적, 정서적, 정신적, 행동적, 이 모든 수준에서 스트레스를 해결해야 한다.
- 생리적 스트레스 반응—투쟁 또는 도피—은 스트레스 요인에 의해 자동적으로 생기는 진화적 반응이다.
- 스트레스 반응의 강도는 주로 스트레스 요인에 대한 평가(의식적이든 무의식적이든)와 스트레스를 증폭시키는 생각에 달려 있다.
- 우리 안에 스트레스에 대처할 능력과 자원이 있다는 믿음은 스트레스 대처뿐만 아니라 스트레스가 우리에게 미치는 영향에 있어서도 중요한 역할을 한다.
- 이런 점에서 부정과 억압은 도움이 되지 않는다.
- 부정과 억압은 스트레스 반응을 줄이지 않는다. 대신에, 그것들은 종종 만성적인 스트레스의 상황으로 이어진다.

스트레스에 대처하기: 스트레스에 대응하기

- 효과적으로 스트레스에 대응하기 위해서 활동과 휴식 사이에 균형이 필요하다. 이는 신체적 긴장 완화(예: 운동)와 정신적 긴장 완화(예: 명상)를 모두 의미한다.
- 동시에, 스트레스를 증폭시키는 생각과 이에 따른 감정을 인식하고 스트레스의 소용돌이에서 벗어날 방법을 찾는 것이 중요하다. 바로 이 부분에서 마음챙김이 도움을 줄 수 있다.
- 자동 조종 상태로 행동을 계속하면서 현재 순간과 접촉하지 못할 때, 마음챙김 연습을 통해 이를 멈추고 스트레스 요인과 스트레스 반응 사이에 공간을 만들 수 있다. 이를 통해 무의식적이고 자동적으로 반응하지 않으면서 의식적이고 현명한 선택을 할 수 있다.

Mindfulness–Based

Stress

Reduction

<u>4장</u>

여정의 시작:
마음챙김이라는 나침반

　MBSR 과정을 회기별로 살펴보기 전에 마음챙김 수련의 근본적인 부분이라고 믿는 몇 가지 태도를 제시하고자 한다. 이러한 태도는 마음챙김을 실천하며 삶을 매우 풍요롭게 하는 데 도움이 되는 필수 요소이다. 각 태도는 우리를 열리게 하고, 깊어지게 하고, 확장시키고, 성장시키는 탐험의 장으로 초대할 것이다.

　예전에 한 번도 가 본 적이 없는 곳으로 여행을 갈 때, 많은 사람은 여행 안내서를 사서 주의 깊게 본다. 안내서의 어떤 부분은 방문할 곳의 관습을 알려 주기 때문에 특히 도움이 된다. 예를 들어, 남부 유럽의 일부 지역에서는, 긴 낮잠을 위해 오후에 문을 닫는 가게들이 있고, 저녁 식사는 보통 9시나 그 이후에 한다. 그러한 정보는 새로운 문화에 적응하고 불편을 최소화하는 데 도움을 준다. 하지만 새로운 곳에 대해 아는 것과 실제로 경험하는 것은 엄청난 차이가 있다. 미리 경고를 받았다고 해서 어려움에 직면하지 않으리라는 보장은 없다. 예를 들어, 여행지의 상점이 정오부터 오후 4시 사이에 문을 닫는다는 사실을 알면서도, 12시 30분에 심한 두통이 있는데 약국이 문을 닫아 진통제를 살 수 없다면 여전히 화가 날지도 모른다.

MBSR 과정 등록이 여러분이 여행을 계획하는 단계였다면, 이제 그 여정에서 길을 잘 찾아가도록 마음챙김이라는 나침반을 소개하고 싶다. 나침반의 점들은 MBSR 수련을 시작할 때 여러분을 도와줄 수 있으며, 심지어 이 점들은 도전 의식을 북돋우는 태도와 관점들에 해당하기도 한다. 여러분은 과정 중 언제든지 이 나침반의 점들 중 하나의 방향으로 움직이는 자신을 발견할 수 있을 것이다.

MBSR은 사실 우리 자신의 집으로 돌아오는 여행이다. 『오즈의 마법사(The Wizard of Oz)』와 같이 온갖 방법으로 무엇인가 찾기 위해 먼 곳을 여행하다 집으로 돌아와서야 그 모든 것을 이미 가지고 있었음을 발견하는 사람들에 관한 유명한 이야기들을 생각해 보라. MBSR에서 집으로 돌아온다는 것은, 우리가 찾던 보물인 현재 순간에 도달한다는 것을 의미한다. 현재 이 순간이란 우리가 행동을 취하고 선택을 할 수 있는 유일한 시기이다. 우리는 과거와 미래 중 어느 한쪽에서 우리 자신을 잃어버리지 않고, 필요할 때 과거나 미래에 관해 마음챙김하며 심사숙고할 수 있다.

현재 이 순간은 풍요로운 시간이다. 이 시간은 쉽거나 어렵거나 혹은 둘 다일 수도 있지만, 유쾌하든 불쾌하든 살아 있다는 느낌이 있고, 정보에 근거한 선택을 할 가능성이 있다. 우리가 매 순간을, 숨을 쉴 때마다 어떻게 만나고 어떻게 살아가는지 그리고 우리의 삶을 어떻게 만나고 어떻게 살아가는지가 마음챙김 여행의 본질이다.

쉬운 일이 아니다

습관을 바꾸려고 노력하는 사람은 누구나 그것이 즉흥적으로 이루어질 수 없다는 것을 안다. 습관이 몸에 더 깊이 배어 있을수록 바꾸기는 더 어렵다. 바뀌거나 변화하기 위해서는 노력과 인내와 관심이 필요하다. 그것은 쉬운 일이 아니다.

우리 문화에서 쉽지 않다는 말은 거의 금기시되어 왔다. 자기계발, 체중 감량, 분노 관리, 사업 혹은 성공적인 육아를 위한 프로그램들은 종종 성장이나 변화 또는 개선을 위해서는 동기부여와 전념, 책임이 필요하다는 사실을 감추려 한다. 자기계발서가 정직한 책이라면, 멋지게 인쇄하는 것뿐만 아니라 노력(effort), 시간(time), 인내(perseverance)와 같은 단어들을 많이 포함시켜야 한다!

MBSR 과정 동안에는 CD를 들으며 요가, 바디스캔 또는 앉기 명상과 같은 공식수련을 매일 집에서 많게는 1시간 동안 연습하고, 비공식 수련이나 특정 주제에 대한 일지 항목 또한 완성해야 한다. 많은 예비 참가자가 이렇게 묻는다. "직장에서 무슨 일이 있거나 그날 연습을 못하면 어떻게 합니까?" 이것은 당연한 질문이지만 종종 그런 질문을 하는 것은 방에 들어가기도 전에 이미 출구를 찾고 있는 것과 같다. 들어가기도 전에 나오는 것이다.

아무도 미래를 알 수 없다. 아무도 한 주 동안 무슨 일이 일어나서 집에서 연습을 할 수 있을지 없을지 알 수 없다. 동시에, 마음챙김 수련은 우리가 갖가지 감정과 일어나는 생각을 돌아보고 접촉하며, 우리의 동기와 최대한 연결을 유지하게끔 한다. 그렇다 해도 우리는 비난하기보다는, 어떤 일이 일어날지 친절하고 명확하게 살펴보고 가능한 한 마음을 열고 대응한다. 우리는 수업 시간에 수련을 공식적으로 하지 못하더라도 어떻게 계속할 것인지를 이야기하고, 수련을 하지 못한다면 무엇이 자신의 수련을 방해하거나 의욕을 잃게 만드는지를 엄격하게 검토하도록 권장한다.

수업 시간에 수련이라는 주제로 활발하고 때로는 어려운 대화가 일어날 수 있다. 동시에, 일어나는 일을 해결하기 위해 함께 성찰하고 약속하는 분위기가 조성된다. 또한 우리는 공식적인 수련이 불가능한 상황에서는, 비공식적인 수련이 우리가 진정성 있게 마음챙김 수련을 계속하도록 돕는다고 강조한다.

얼마나 변하고 싶은지 혹은 어떤 행동에 대한 통찰력을 얻고 싶은지 말하기는 쉽다. 그리고 헌신적이고 일관된 자세를 유지하는 것은 쉽지 않다. 우리가 온갖 종류의 상황과 도전에 직면해 있기 때문이다. 하지만 분명한 것은 무슨 일이 일어나든지 우리가 온 마음을 다해 현재 경험과 함께할수록 '쉬운 일이 아니다'라는 주제는 그 빛이 바래고 우리는 그저 수련을 한다는 것이다.

기꺼이 하기

MBSR 과정을 위한 사전 인터뷰에서, 로버트(Robert)는 "제가 프로그램을 잘 따라가는 데 필요한 규율을 지킬 수 있을지 모르겠어요."라고 말했다.

나(Linda)는 물었다. "규율(discipline)이 무슨 의미인지 말씀해 주시겠어요?"

로버트는 나를 옆으로 쳐다보면서 눈썹을 추어올리며 대답했다.

"음, 뻔한 일이지 않아요? 내가 수련을 꾸준히 할 수 있을지 모르겠어요. 알람시계가 울리면, 늘 하던 대로 그냥 꺼 버리고 굴러가서 다시 잘 것 같아 걱정이에요."

"이 과정은 규율과는 아무런 관련이 없어요."라고 나는 부드럽지만 도전적으로 말했다.

"그럼 어째서 매일 집에서 연습하고 일상생활에서 마음챙김해야 한다는 이야기를 줄곧 하는 거죠?"라고 로버트가 크게 말했다. "제가 항상 뭔가를 해야 할 것 같아요. 그건 일이고, 일에는 규율이 필요하죠."

우리는 **규율**이라는 단어가 종종 어떤 식으로 불굴의 의지와 임무 완수라는 목표를 향해 어디로 갈지를 안내하고, 심지어 우리 스스로에게 강제하는 능력을 연상시키는지 함께 탐구했다. 나는 이러한 맥락에서 **규율**이 뜻하는 바를 생각하는 데 '기꺼이 하기(willing)'라는 단어가 더 유익한 방법이라고 제안했다. 기꺼이 하기는 마음챙김 수련을 하는 데 도움이 되는 태도이다. 그것은 어려운 상황을 등지는 것이 아니라, 오히려 마주하는 준비를 하는 것이다. 여기에는 우리가 무언가를 하고 있을 때 무엇을 하고 있는지를 알려고 노력하는 헌신이 포함된다. 선종의 유명한 명상가인 샬럿 조코 벡(Charlotte Joko Beck)은 『가만히 앉다: 삶의 모든 것을 있는 그대로 바라보는 연습(Everyday Zen)』에서 다음과 같이 썼다. "일부 사람들에게 규율은 자신에게 무엇인가 하도록 강요한다는 의미를 함축한다. 그러나 규율은 우리가 수련을 해내기 위해 동원할 수 있는 모든 빛을 가져와서 좀 더 볼 수 있게 한다."[16]

기꺼이 하기를 깨우는 것은 반응하지 않고 의식적인 행동을 하기 위해 중요한 단계이다. 무엇이든 이제까지와 다른 방법으로 하려면, 우선 우리가 무엇을 하고 있는지 알아차려야 한다. 그때에만 현재 존재하는 감각이나 생각, 감정과 같은 상황의 모든 미묘한 차이를 억제하거나 바꾸려 하지 않고 접촉할 수 있다.

관찰, 즉 어떤 상황에 처할 때 일어나는 모든 생각과 감정과 만나는 것은 마음챙김의 핵심 요소이다. 행동을 바꾸기 전에, 우리는 무엇을 하고 있는지 알아차릴 필요가 있다. 기꺼이 우리 자신을 관찰할 때, 그 과정에서 많은 것을 배울 수 있다. 예를 들어, 알람이 울릴 때 로버트가 일어나고 싶지 않았던 경험을 들어 보자. 그는 알람 시계를 무시하고 다시 잠들기 위해 돌아누웠다. 많은 사람이 똑같을 것이다. 마음챙김을 하면, 일어나고 싶지 않은 이유가 있다는 것을 알 수 있다. 어쩌면 밤늦게까지 일을 해야 했거나, 전날 밤 아팠거나, 혹은 너무 많이 먹은 채 잠이 들어 푹 잘 수 없었을 것이다.

그런 다음, 우리는 생각에 주의를 기울인다. 다음과 같은 생각이 일어날 수 있다. '오늘 아침에 수련을 하려고 계획한 게 실수였을지

도 몰라. 일요일이고, 어쨌든 오늘은 보통 하루 쉬는 날이니까.'

  기꺼이 하기를 지지하는 태도는 브레이크가 고장 난 것처럼 모든 것을 멋대로 하는 것이라기보다 현재 상황에 계속 머물러 있기로 한 의식적인 결정이다. 이 경우, 우리는 실제로 굴러가서 다시 잠을 잘 수도 있다. 그러나 우리의 결정에 완전히 접촉한다면, 그것은 무의식적인 반응이 아니라 깨어 있는 선택이다. 그것은 기꺼이 하기를 발휘할 때 우리에게 주어지는 선물이다.

그냥 계속 진행하라

  어떤 사람이 사방에서 보물을 찾아보지만 결국 자신의 뒤뜰에서 발견한다는 이야기는 널리 알려져 있다. 산을 넘고, 강을 건너고, 자갈밭을 걷는 것같이 여행에서 겪는 어려움은 중요한 역할을 한다. 〈오즈의 마법사〉에서 도로시(Dorothy)가 "집처럼 좋은 곳이 없다."라고 알기 전에 마주친 모든 장애물에 대해 생각해 보자. 여행 내내 도로시와 같은 여행자는 마주치는 모든 어려움이 되돌아가야 하는 강력한 이유가 됨에도 불구하고 계속해서 나아간다.

  MBSR 과정에서 우선 이 여정을 왜 시작했는지 궁금할 때가 있을 것이다. 여러분은 어디에도 도달하지 못할 것 같고, 장애물이 너무 위압적이라고 느낄 수도 있다. 또한 방향을 잘못 잡은 것처럼 느낄 수도 있고, 심지어 뒤로 가고 있는 것처럼 느낄 수도 있다. 그 시점에서 나침반이 제대로 작동하는지 확인하기 위해 흔들거나, 아니면 여행을 취소하고 첫 비행기를 타고 집으로 가야 할까 생각하는 것은 충분히 이해할 수 있다.

사전 인터뷰나 오리엔테이션에서 우리는 참가자들에게 MBSR 과정 8주 전체를 결정하는 것은 그들 자신임을 상기시킨다. 계속하는 것이 전혀 말이 안 된다는 생각이 들 때, 바로 그 순간에 다시 시작하는 것이 중요하다. 여러분이 시작한 여행을 끝내려는 의도를 스스로에게 일깨울 때 힘과 존재감이 자리한다. 목표에 도달하는 것만이 중요한 것이 아니라, 여행 도중 멈추는 것도 여행의 일부로, 끝에 도달하는 것만큼 중요하기 때문이다. 그러니 만약 갇혀 있다면, 그 갇혀 있음을 알고…… 계속 나아가라.

왜냐고 묻지 마라. 적어도 지금 당장은 아니다

왜냐고 묻는 것은 종종 중요한 일이지만, 마음챙김 수련에 관한 한, '왜'라는 질문은 제자리로 돌아가는 루프 모양의 길을 운전하는 것과 같다. 시작할 때는 마치 어디론가 가고 있는 것처럼 보일지 모르지만, 결국 계속해서 빙글빙글 돌고 있는 것이다.

우리는 질문하는 데 익숙해 있고 종종 왜 그런지 물어보도록 격려받는다. 우리는 학교와 과학, 법정 그리고 수많은 다른 장소에서 왜냐고 묻는다. 이런 모든 상황에서는 질문을 던지고 답을 하는 것이 적절하다. 하지만 우리는 마음챙김 수련 중 무슨 일이 일어나고 있는지 제대로 평가하거나 우리가 어디에 있는지 이해하기에 앞서 종종 왜냐고 묻는다. 답을 찾는 것은 우리를 분주하게 만들고 장벽

을 쌓게 한다. 그러면 혼란스러움이나 답이 어디에도 없다는 사실
을 경험하지 않아도 된다.

마음챙김 수련에서 '왜'는 사실 질문이 아니다. 그것은 반복해서
떠오르는 생각으로, 더 많은 생각으로 이어진다. 이것이 우리가 문
제를 해결하는 데 도움이 되는 경우는 드물며, 특히 교육의 초기 단
계에는 더욱 그렇다.

그렇다면 우리는 문제의 원인이나 해결책을 찾지 말아야 한다는
뜻일까? 물론 그렇지 않지만, '왜'라는 방향등이 없으면 표류하게
될 거라는 두려움이 종종 발생할 것이다.

마음챙김 훈련의 초기 단계에서 '왜'라는 질문을 해결하는 가장
유용한 방법은 '왜'라는 질문의 존재는 인정하지만 대답은 시도하지
않는 것이다. 설명을 원하는 마음이나 질문을 일으키는 불안감은
알아차리되, 그것에 대해 행동은 하지 않고 그 느낌을 그대로 둔다.

친절/부드러움

우리 연구소는 9개월 동안 사람들에게 마음챙김 훈련을 시작하
기 전 이 과정에서 이루고자 하는 개인 목표를 적어 달라고 요청했
다. 우리는 목표를 쓴 것을 모아 마지막 만남 때 돌려준다. 그 시점
에서 참가자들에게 훈련이 시작될 때 그들이 어떻게 행동했는지,
그리고 지금은 어떤 상태인지 곰곰이 생각해 보도록 요청한다.

가장 자주 듣는 소감은 프로그램을 시작할 때 참여자들이 스스
로 목표를 설정해 놓고, 얼마나 까다롭고, 가혹하고, 냉담하고, 가

차 없이 굴면서 자신을 힘들게 했는지를 말해 준다. 한 여성이 "내가 알면서는 나 자신에게 하듯이 결코 다른 사람을 대하지 않을 거예요."라고 말하면서 정곡을 찌른다.

명상 교사이자 죽음과 임종 전문가인 스티븐 레빈(Stephen Levine)은 자신의 책 『위기에서의 만남(Meetings at the Edge)』에서 다음과 같이 썼다. "자신에 대한 친절함은 당신이 앞으로 걷게 될 가장 어려운 길일지 모른다. 왜냐하면 그것은 여태껏 찾아볼 수 없었고, 그런 종류의 자기에 대한 자비는 거의 지지를 받지 못했기 때문이다."[17]

자신에 대한 친절은 많은 사람에게 이질적인 감정이다. 어떤 사람들은 친절은 다른 사람에게만 표현되므로 자신에게 요구할 권리가 없다고 한다. 어떤 사람들은 자기 자신에 대한 온화함을 나약함과 동일시한다. 어찌 되었건 가치 있는 일은 해내기 어려운 법이다. 그렇지 않은가?

친절은 자신에게는 거의 주지 않는 드문 선물이다. 실제로 우리는 자주 친절이란 우리가 획득해야 할 무엇이라고 여긴다. 우리 자신에 대한 친절은 상품처럼 거래된다. 예를 들어, 지칠 때까지 일하고서야 휴식을 취하는 것이다.

아마도 가장 불친절한 일 중 하나는 우리에게 뭔가 문제가 있다고 생각해서 자신을 바꾸려고 노력하는 것이다. 우리는 자신의 결점에 집착하고, 심지어 자기개선이라는 생각에 중독될 수도 있다. "나에게는 근본적으로 잘못된 것이 없다."라고 말하는 것은 거짓말, 허풍, 혹은 자기기만처럼 들린다. 우리가 타고난 선량함을 받아들이지 못하는 것은 다른 사람들은 알지만 우리는 모르는 자기 자신에 대한 가혹하고 비판적인 태도이다.

이러한 태도가 가장 파괴적으로 적용되는 예 중 하나는 다른 사람들(또는 우리 자신)에게 변화의 동기를 부여하고자 그들에게 뭔가 문제가 있다고 말하는 것이다. 긍정심리학자 마틴 셀리그먼(Martin Seligman)의 연구와 같이 낙관주의와 동기부여 행동에 관한 대부분의 연구는 우리가 칭찬과 친절한 말을 들으면 능력을 펼칠 수 있고, 가혹하고 불공평하며 개인적으로 동기가 부여된 비판은, 특히 우리가 그것을 내면화하고 우리 자신이 가장 심한 비평가가 될 때 감정적인 폭력의 한 형태가 됨을 보여 준다.

많은 MBSR 과정 참가자는 그들 자신에 대한 친근감을 키우고, 그것을 경험할 수 있는 기회가 이 과정의 가장 중요한 측면 중 하나라고 말한다. 친절은 참여자들이 스스로에게 마음을 열게 하고, 새로운 관점을 키우는 데 도움을 준다.

교육과정에서 우리는 때때로 자신에게 친절하게 대하는 명상을 안내한다. 물론 참가자들은 매우 감동을 받기도 한다. 일단 명상이 끝나면 부드럽고 관대해지며, 종종 눈물을 흘리는 사람도 있다. 나(Linda)는 티베트 전통과 명상 교사로 널리 존경받는 미국의 승려 페마 초드론(Pema Chödrön)의 말을 자주 읽는데, 그녀의 책『The Wisdom of No Escape』에는 이런 말이 있다. "명상 수련은 우리 자신을 버리고 더 나은 사람이 되도록 노력하는 것이 아니다. 그것은 이미 존재하는 나 자신과 친구가 되는 것에 관한 것이다." 많은 사람이 우리 자신을 향한 친절함과 부드러움을 가르쳐 주는 이러한 현명한 말에 동의한다. 우리는 프로그램을 진행하면서 이 주제를 모든 측면에서 살펴본다.

저항에 저항하지 않기

MBSR 과정에서 많은 사람이 저항감을 나타낸다. 참가자들은 다양한 방식으로 저항을 표시하는데, 수업에 오지 않거나, 집에서 과제를 하지 않거나, 고의적으로 지시를 무시하거나, 프로그램을 비판하거나, 알고 싶어서라기보다 반항하는 마음에서 질문을 하는 것이다.

저항은 매우 설득력 있게 느껴질 수 있다. 모든 종류의 반론은 논리적으로 들릴 수 있다. 하지만 자세히 귀를 기울이면 언어의 밑바닥에 도사린 두려움이 들린다. 저항은 종종 우리가 변화를 두려워하기 때문에 발생한다. 그것은 직장이나 대인관계, 심지어는 우리 자신과의 관계와 관련이 있을지도 모른다.

저항에 휩쓸려 행동하지 않고 저항을 만난다는 것은, 불의나 학대, 또는 어떤 파괴적인 행위에 맞서 어떤 행동을 취할 필요가 없다는 뜻은 아니다. 오히려 마음챙김의 맥락에서는, 낯설지만 그렇다고 위험한 방향은 아닌데 비상 브레이크를 당기고 싶은 충동을 느낄 때 일어나는 저항을 말하는 것이다.

저항은 우리의 정신적·정서적 에너지를 상당히 소모한다. 출입을 금지하라는 엄격한 명령을 받은 출입구에 배치된 경비원처럼 저항은 어떤 방향으로도 움직이지 못하게 하는 정서적 교착 상태를 야기할 수 있다.

마음챙김을 저항에 적용하는 방법은 저항과 함께하는 것이다. 그것을 없애거나, 바꾸려고 하거나, 알리거나, 억누르려고 하지 않는다. 그냥 저항을 키우지 않는다. 그냥 그대로 둔다. 가능한 한 신중하고 부드러운 방식으로 저항을 품어서, 그것이 우리 삶의 다른 모든 측면에 존재하도록 허용한다.

저항이 나타나는 형태가 어떠하든, 그것은 대개 현재 순간을 부정하는 것이다. 그리고 저항에 어떻게 대처해야 하는지를 제안하면서, 나(Linda)는 그것이 '미운 세 살'을 겪고 있는 어린이를 다루는 방법과 다르지 않다고 말한다. 무엇을 말하든지 세 살짜리 아이는 "싫어!"라고 말할 가능성이 크다. 여러분이 가야 할 반대 방향으로 아이가 가고자 한다고 상상해 보자. 아이들에게 안 된다고 소리치거나 아이와 논쟁하는 것은 도움이 되지 않는다. "넌 놀이터에 가고 싶구나. 하지만 슈퍼마켓이 문 닫기 전에 가야 돼."라고 말하는 것이 더 도움이 된다. 그다음, 끌고 가는 것이 아니라 부드럽지만 단호하게 아이 손을 잡고, 여러분이 가야 할 방향으로 아이를 이끈다.

저항은 마음챙김 수련의 일부인 감정 반응이다. 그것에 공간을 제공하고 우리가 자신의 저항을 경험하도록 하는 것은 우리를 깨우치는 강력한 연습이다. 저항에 저항할 필요는 없다. 저항을 향해 한 걸음 다가서는 것은 우리가 현재에 머무는 데 도움이 되고, 마음챙김의 삶을 살아가는 데 도움이 되는 우리 자신에 관해 배울 수 있는 무엇이든 받도록 도움을 줄 수 있다.

기대

기대에 대한 확실한 진실이 하나 있다. 바로 모든 사람이 기대를 가지고 있다는 것이다. MBSR 수업에 들어가면, 마음챙김이 우리 삶의 스트레스에 대처하는 데 어떻게 도움이 되는지 배울 수 있기를 기대한다. 우리는 지도자가 우리의 기대에 부응하기를 기대한다. 우리는 그 교훈을 우리 삶에 적용하기를 기대한다.

프로그램에 대한 설명에 따르면, 이러한 기대들은 예상할 수 있고 합리적이다. 마찬가지로, 변화는 좀처럼 즉각적으로 나타나지 않으며, 일정량의 노력 없이는 일어나지 않는다는 사실도 합리적이다. 문제는 다음과 같다. 우리가 기대감과 현실 사이에서 균형을 이루면서, 있는 그대로의 실재를 존중할 수 있을까?

기대는 까다로운 것이다. 합리적으로 보이지만, 매우 빨리 소원이나 희망, 환상으로 변한다. 우리는 모든 것을 충족시키고 싶어 한다. 빠를수록 좋다! 사실, 기대는 빠르게 열망(longings)이 될 수 있다. 심지어 우리가 달라붙는 갈망(cravings)이 될 수도 있다. 열망과 갈망은 우리의 행동과 삶을 통제할 수 있으며, 아마도 우리가 하는 일의 대부분은 그것들을 만족시키는 데 초점을 맞출 것이다.

메리(Mary)는 왼쪽 무릎에 통증을 앓고 있는데 또 다른 수술을 앞두고 있었고, 이런 기대를 가지고 있었다. "MBSR 프로그램을 시작했을 때, 통증이 더 좋아질 거라는 강한 기대가 있었어요. 아니면 적어도 그 일로는 그렇게 신경 쓰지 않으리라 기대했죠. 4주가 지나자 꽤나 불안해졌어요. 기대했던 일이 일어나지 않았으니까요." 그녀는 잠시 말을 멈추었다가 다시 이어 말했다.

"단지 고통을 없애기를 기대했다면, 기대가 충족되지 못했다고 해야겠지요. 하지만 제가 기대하지 못했던 다른 일들이 일어났어요. 사실 저는 밖에 나가서 전에는 하지 않았을 일을 했어요. 시간을 내서 정원에 있는 꽃들이 얼마나 아름다운지 보았어요. 저녁에는 거기에 앉아 별을 세는 것을 좋아해요. 전에는 제 고통에 너무 빠져서 삶의 다른 차원들을 놓치고 있었어요.

메리의 말은 기대가 충족되어야 한다는 주장의 가장 해로운 측면을 지적하고 있다. 우리는 그러한 기대에 미치지 못하는 것들을 우리의 삶에서 제외한다는 사실이다.

마음챙김 수련에서 우리는 자신의 기대를 알아차리고 친숙해지는 방법이 기대의 통제 효과를 약화시키는 데 가장 도움이 된다는 것을 배운다. 가능한 한 부드럽고 친근한 방식으로 기대가 무엇인지 알아보는 것은 희망을 존중하게 하는 동시에 현실적인 관점에서 보게 해 준다.

그렇다고 해서 체념하는 태도를 개발하거나, 무언가 혹은 누군가를 포기하거나, 할 수 있는 한 자신을 돌보지 않는다는 뜻은 아니다. 마음챙김 수련의 한 가지 선물은 기대를 우리 자신을 향한 진정한 연민으로 가는 길로서 받아들이는 것이다. 우리는 인간성과 희망적인 소원을 존중할 수 있으며, 우리의 삶이나 환경을 통제할 수 없다는 사실을 받아들인다. 우리의 기대가 무엇이든 간에, 어느 정도까지는 일어날 일은 일어날 것이다. 그리고 우리는 할 수 있는 한 마음챙김하며, 친절하고, 활기차게 그 현실을 받아들이기 위해 최선을 다할 수 있다.

완벽하지 않아도 괜찮다

완벽하지 않은 것은 괜찮을 뿐만 아니라, 이 말이 MBSR 과정에 참가하는 많은 사람에게 큰 안도감을 준다. 그 이유는 무엇일까?

완벽에 대한 욕구는 놀라운 예술 작품과 영감을 만들어 냈지만, 그것은 또한 탁월함에 대한 신화를 만들어 냈고, 이는 현대 삶의 지옥이 되었다. 우리는 완벽한 관계, 완벽한 가정, 완벽한 차, 완벽한 직업, 완벽한 삶을 갈망한다. 모든 것은 이상과 비교되고 인생은 완벽하지 않기 때문에 항상 부족하다. 삶은 바뀌고 변한다. 무엇도 영원히 같은 상태로 남을 수 없다. 삶은 지저분하고 더럽고, 사고로 가득 차 있을 수도 있고, 깔끔하고, 매우 깨끗하고, 완벽하게 정돈될 수도 있다. 삶은 뛰어나게 아름다울 수도 있고, 고통스럽고 추할 수도 있고, 그 사이에 있는 모든 것일 수 있다.

마음챙김 수련에서 여러분은 "있는 그대로 완벽합니다." 또는 "괜찮습니다."라는 말을 들을 것이다. 그것은 처음에 내가 앞 단락에서 말한 것과는 모순이 되는 것처럼 혼란스럽게 들릴지 모른다. 그러나 이 경우 완벽하다거나 괜찮다는 것은 모든 사물과 모든 사람이 독특하며 존재하지 않는 완벽함을 추구하기보다 우리가 무엇인가의 진실성을 있는 그대로 존중할 수 있다는 것이다.

어느 날 MBSR 과정의 한 참가자가 다음 기사를 가져왔다. 그녀는 '완벽하지 않아도 괜찮다'는 말을 내게 건네주었다.

줄이 끊어진 바이올린

다음 기사는 2001년 2월 10일 『휴스턴 크로니클(Houston Chronicle)』에 실렸다. 그러나 그 사건이 실제로 발생했는지에 대해서는 의문의 여지가 있다. 그 진실이 무엇이든, 이 이야기는 도시 전설로 알려져 퍼져 나가고 있다. 대중의 상상력을 장악하는 내용으로 입소문이 났지만, 실제로는 일어나지 않았을 수도 있다.[18]

1995년 11월 18일 바이올린 연주자인 이차크 펄만(Itzhak Perlman)은 뉴욕 링컨 센터의 에이버리 피셔홀에서 공연을 하기 위해 무대에 섰다. 펄만 콘서트에 가 본 적이 있다면, 무대에 오르는 것이 그에게 결코 쉬운 일이 아니라는 것을 알 것이다. 그는 어린 시절 소아마비에 걸렸고, 그래서 두 다리에 교정기를 대고 목발의 도움을 받아 걸었다. 그가 한 번에 한 걸음씩, 고통스럽게 천천히 무대 위를 걷는 모습은 잊을 수 없는 광경이다. 그는 고통스럽게, 그러나 위엄 있게, 의자에 도달할 때까지 걷는다. 그러고는 천천히 자리에 앉아 목발을 바닥에 내려놓고 다리를 고정한 보철을 떼어 내고, 한 다리는 앞으로 뻗고 다른 다리는 뒤로 접고 앉는다. 그러고는 허리를 굽혀 바이올린을 집어 턱 밑에 넣고 지휘자에게 고개를 끄덕이고 연주를 한다.

이제 이것은 청중들에게 친숙한 의식이다. 그들은 그가 무대 위를 가로질러 의자로 가는 동안 조용히 앉아 있다. 그가 다리의 보철을 푸는 동안 청중들은 경건하게 침묵을 지키며 연주가 준비될 때까지 기다린다.

하지만 이번에는 뭔가가 잘못됐다. 첫 몇 소절을 막 끝냈을 때, 바이올린 줄 하나가 뚝 끊어졌다. 마치 누가 총을 쏜 것처럼 커다란 소리가 연주회장으로 퍼져 나갔다. 그 소리가 무엇을 의미하는지, 그다음에 연주자가 어떤 행동을 취해야 할지 확실했다.

그날 밤 그곳에 있던 사람들은 속으로 생각했다. "우리는 그가 일어나서 다리에 보철을 다시 붙인 후 목발을 집어 들고 무대에서 내려와 다른 바이올린을 찾거나 바이올린 줄을 교체할 거라고 생각했다."

하지만 그는 그렇게 하지 않았다. 대신 잠시 눈을 감고 기다리다가 지휘자에게 다시 시작하자고 신호를 보냈다. 오케스트라가 시작되었고, 그는 중단한 곳부터 연주를 했다. 그리고 그는 청중이 전에는 들어 본 적이 없는 열정적인 힘과 순수함으로 연주를 해냈다.

물론 세 줄로만 교향악을 연주한다는 것은 누가 봐도 불가능하다. 나도 알고 여러분도 아는 사실이다. 하지만 그날 밤 이차크 펄만은 불가능을 받아들이지 않았다.

무위

아마도 마음챙김 수련에서 가장 이해하기 어려운 측면 중 하나는 소위 무위(Non-doing)라고 하는 행함 없이 행하는 것이다. 수업 참가자들은 종종 "그건 모순이다."라고 하며 "어떤 일이 일어나기를 원한다면, 뭔가를 해야 한다."라고 말한다.

이것은 사실이다. 하지만 무위나 애쓰지 않는 노력은 우리가 일을 어떻게 성취하고 어떻게 삶을 사는지에 관한 것이다.

나(린다)는 최근 한 잡지에서 부모들이 어떻게 자녀가 좀 더 어린 나이에 외국어를 공부하고, 수학 문제를 풀고, 뛰어나게 악기 연주를 하도록 압박하는지에 관한 기사를 읽었다. 그 기사의 삽화 중 하나에 둥근 구멍, 정사각형 구멍, 삼각형 구멍이 있는 퍼즐이 있었다. 그 옆에는 같은 모양으로 부서진 조각들과 망치가 있었다. 그 의미는 누군가가 그 조각들을 맞지 않는 곳에 억지로 끼워 맞추려 했다는 뜻이다.

현대 생활에서 우리는 노력에 중독되어 있다. 더 빨리, 더 높이 나아가고 모든 것을 더 많이 성취하려고 노력하는 것이 정상적으로 보인다. 동시에 그러한 생활방식의 영향으로 많은 사람이 생리적·심리적 스트레스로 고통받고 있다. 이러한 질병은 특히 어린이와 청소년을 비롯해 인구 전체에 놀라운 속도로 발생하고 있다.

'애쓰지 않는 노력(effortless effort)'이라는 말은 역설이나 모순처럼 들린다. 하지만 역설의 선물 중 하나는 사물을 액면 그대로 받아들이지 않고 좀 더 자세히 살펴보도록 유도한다는 것이다. 그것은 우리에게 '내 삶의 방식에서 애쓰지 않는 노력이 나에게 무엇을 의미할 수 있는가?'라고 물어볼 기회를 준다. 이것은 자연스럽게 또 다른 질문으로 이어진다. '어떤 종류의 노력이 스트레스를 주는가?'

실제로 많은 MBSR 과정 참가자는 스트레스를 유발하는 것이 활동 자체가 아니라 행동에 부여하는 모든 추가 요소, 즉 올바르게 하려고 무자비하게 추진하는 것, 실수에 대한 두려움, 자신의 신체적 한계를 뛰어넘는 것 등이라고 분명히 말한다. 자연스럽게 펼쳐지도록 허용하는 대신에, 우리는 '조금만 더'라는 맹목적인 믿음으로 계속 밀고 또 밀어붙인다.

애쓰지 않고 노력하는 데 있어 자연을 능가할 수 없다. 꽃이 피고 눈이 내리고 계절이 오간다. 그런데도 인간은 다양한 방식으로 자연을 강제하려 들고, 종종 처참한 결과를 초래한다. 이것의 예로 니코스 카잔차키스(Nikos Kazantzakis)의 책 『그리스인 조르바(Zorba the Greek)』에 누에고치에서 나비가 나오는 과정을 관찰하는 어린 소년에 관한 이야기가 있다. 소년은 나비가 빠져나오기 위해 애쓰는 것을 보고, 이를 불쌍히 여겨 고치를 잘라 열어 준다. 나비는 나와서 잠시 살아 있다가 쓰러져 죽는다.

나비는 아직 고치를 떠날 준비가 되지 않았을 뿐이다. 대자연은 이 과정을 현명하게 설계했다. 나비가 고치에서 벗어나기 위해 일반적으로 하는 노력은 날개를 액체로 채우고 강해지도록 하는 것이다. 고치에서 일찍 꺼내는 것은 이 자연의 탈바꿈 과정을 방해한다.

애쓰지 않는 노력의 실천은 명상 수련에 깊은 영향을 미칠 뿐 아니라 '그냥 존재하는' 방식으로 당신의 삶으로 퍼져 나갈 것이다. 나비가 자연스럽게 나오도록 두지 않은 그 소년을 따라 하는 대신, 우리가 몸과 마음과 가슴으로 증언한 대로 삶이 펼쳐지게 두면서, 그저 존재하는 상태가 지닌 치유의 특질을 경험할 수 있다.

5장

MBSR 8주 프로그램

MBSR 8주 과정의 한 회기 수업은 일주일에 한 번, 보통 2시간 반에서 3시간 동안 진행된다. 여기에는 온종일 수련[all day retreat; '마음챙김의 날(the Day of Mindfulness)'이라고 부른다]도 있는데, 보통 여섯 번째와 일곱 번째 수업 사이에 열린다.

MBSR 과정에 참여하기 전, 참가자들은 일반적으로 개별 인터뷰나 오리엔테이션 세미나에 참가한다. 이를 통해 MBSR 지도자를 알게 되고, 그 과정과 필요 사항에 익숙해진 후 참여 여부를 결정할 수 있다. 지도자는 참가자들의 건강과 스트레스 요인, MBSR 과정에 참가하게 된 동기를 묻는다. 참가자들은 또한 프로그램에 대해 질문을 하고 목표를 찾아보고 이것이 현실적인가를 논의할 기회를 갖는다. 지도자는 집에서 매일 연습하겠다는 약속이 중요하다는 것을 설명하고, 참가자와 함께 일상생활에서 수련을 어떻게 할 수 있을지 짚어 본다. 사람들은 그들이 얻는 정보에 근거해서 MBSR 과정이 자신에게 맞는지 여부를 결정할 수 있다.

MBSR 과정 개요

- 각 수업에서 MBSR 과정의 공식 마음챙김 명상인 바디스캔, 마음챙김 요가, 앉기 명상 또는 걷기 명상 중 하나 이상을 수련한다.
- 공식 명상 후에 참가자들은 수업 중에 한 수련과 집에서 한 일상 수련에 대한 경험을 공유하고 더 탐구할 시간을 가진다.
- 각 수업 회기에는 주제(예를 들어, 마음챙김의 의미, 스트레스의 기원, 마음챙김 의사소통, 마음챙김 자기돌봄)가 있으며, 이 주제는 주제별 연습과 경험에 대한 공유 시간에 탐구한다. 이는 마음챙김과 일상생활을 통합하는 데 중점을 두고 있다.
- 참가자들은 공식 연습을 위한 워크북과 CD를 받아 집에서 연습할 수 있다.
- 워크북에는 주간 과제와 설명 자료, 시, 이야기 및 마음챙김을 일상생활에 통합하기 위한 추가 제안이 있다.
- 일상생활에서 마음챙김할 때, 공식 연습과 비공식 연습은 모두 마음챙김 수련의 중요한 요소이다.

일상의 마음챙김

마음챙김 수련을 시작하면, 우리는 곧 자신이 얼마나 불안하고 산만한지, 그리고 예를 들어 호흡처럼 단순해 보이는 대상이라 하더라도 지속적으로 주의를 기울이기란 얼마나 어려운지 알아차리게 된다. 작은 소음만 해도 그 소리와 관련된 연상과 기억, 생각이 마음을 가득 채운다. 지금 이 순간의 경험과는 아무 상관이 없는 이야기에 사로잡힌다. 그 이야기가 무엇인지 알기도 전에 말이다. 주의를 계속해서 현재에 두려면 규칙적인 연습과 지속적인 노력이 필요하다. 바라기만 해서는 저절로 되지 않는다. 수련하기에 일상생활보다 좋은 장소는 없다. 그래서 공식 명상 연습과 함께 '비공식 마음챙김 수련'이라고 부르는 것을 매일 하는 것이 모든 MBSR 과정의 필수 요소이다.

비공식 수련에는 계단 오르기, 다림질, 설거지, 샤워, 정리, 요리 및 식사와 같은 일상 활동이 포함된다. 이런 맥락에서 마음챙김을 한다는 것은 방심하지 않고 진정한 호기심을 가지고 활동 중에 존재하는 것을 의미한다. 우리는 알아차림과 관심을 보이는 태도로 이러한 활동들을 수행하기 위해 최선을 다한다. 즉, 설거지를 할 때는 설거지에 마음을 두고 따뜻한 물, 그릇, 자세 그리고 우리 자신이 호흡과 접촉하는 것을 느낀다는 뜻이다.

처음에는 모두가 마음챙김에 아주 열정적인 것은 아니다. 어떤 사람들은 이렇게 말한다. "하지만 저는 제 삶의 매 순간을 의식적으로 인식하고 싶지는 않아요. 가끔은 생각하지 않고 설거지를 할 수 있는 게 좋아요. 어쨌든 이렇게 하기까지 너무 오랜 시간이 걸릴 거예요." 또 다른 반대 의견이 종종 제기된다. "내가 왜 이런 것들과 접촉하고 싶어 하겠어요? 특히 고통스럽거나 감정적으로 힘들 때는 가끔은 그냥 도망치고 싶어요."

종종 이런 의견을 내는 참가자들은 이런 태도 때문에 삶의 일부를 놓치고 있다는 것을 깨닫는다. 도망가고 싶을 때조차도, 그 경험과 함께하는 법을 배우면, 많은 참가자가 소중히 여기는 풍요로움과 온전한 느낌이 따른다. 시간이 지나면서, 이것은 인생의 폭풍이 몰아치는 와중에도 우리가 내면의 힘과 안정성, 회복력을 키우는 데 도움을 준다.

일상 활동은 우리 삶의 일부를 이룬다. 마음챙김 수련에서 일상적인 집안일들은 우리가 삶에서 현존할 수 있음을 일깨워 주는 경종이 된다. 삶에 현존하는 것, 그것이 바로 마음챙김이다.

비공식 마음챙김 수련을 하면서 종종 다음과 같은 질문을 던진다.

- 나는 이 특별한 순간을 최대한 누리며 살고 있는가?
- 내가 정말로 내 삶에 존재하는가?
- 과거에 사로잡혀 있거나 더 나은 미래를 기대하며 살고 있는가?

8주 과정을 마치면서 엘리자베스(Elizabeth)는 일상생활에서 마음챙김을 한 경험을 나누었다.

정리를 하고, 설거지를 하고, 아이들을 돌보는 매 순간 마음챙김하며, 저는 제 인생을 되찾고 있다고 느꼈어요. 일과가 끝나야만 비로소 진짜 좋고 편안한 삶이 시작된다는 태도를 버리고, 어떤 일이든 따분하게 여기지 않으니 얼마나 자유로운지 몰라요. 그런 태도로는 내 인생 전부를 놓치게 되는데, 그 이유는 저녁이면 피곤해서 다음 날까지 미루기 때문이죠. 저는 일상생활에서 정말로 중요한 것이 무엇인지 결정하고, 또한 좋은 순간들을 더 잘 알아차리려고 8주 동안 연습했어요.

이 내용에 공감한다면, 여러분도 MBSR 과정의 참가자들처럼 설거지, 샤워, 계단 오르기, 양치질과 같은 일상 활동을 선택해서, 일주일 내내 그 활동을 할 때마다 마음챙김을 할 것을 제안한다. 일상에서 마음챙김이 여러분의 활동 경험에 어떠한 영향을 미치는지 그리고 배운 교훈이 일상생활로 스며드는지 주의해 보라.

마음챙김 탐험하기

　　MBSR 과정의 첫 번째 모임에서 우리는 일상생활에서 거의 하지 않는 일, 즉 서로에게 자신을 소개하는 시간을 갖는다. 그래서 사람들이 오늘 저녁에, 이곳에, 왜 이 수업에 왔는지 이야기를 들어 본다. 자기 자신에 대한 정보를 공유하기 시작하면, 각자가 수업에 참여하려고 기울인 노력이 밝혀진다. 모두 바쁜 일상에서 시간을 내야 했다. 교통편을 마련해야 했다. 어떤 사람들은 이 과정에 오려면 다른 사람이 아이들을 돌보고, 직장에서 일을 대신해 주고, 반려동물을 돌보아 주어야 한다.

　　MBSR 수업에 참석하기 위한 그들의 노력은 우연이 아니다. 이유는 다양하게 표현되지만, 동기는 동일하다. 수업에 오는 이유는 상황이 예전처럼 진행될 수 없다는 것을 인정하기 때문이다.

　　현재 처한 상황은 많은 사람이 수업에 오는 동기가 된다. 그것은 질병일 수도 있고, 직장에서의 문제 혹은 대인관계 문제일 수 있다. 상실에 대한 두려움은, 그것이 직업이든 사랑하는 사람의 생명과 관련이 있든 간에, 또 다른 강력한 동기가 된다. 만성 통증, 가족 내의 긴장감, 중병에 걸려 사는 것, 삶의 의미를 잃었다는 느낌, 새로운 도시로의 이주 또는 이혼은 모두 큰 충격을 줄 수 있다. 많은 사람이 바쁜 일, 혼란, 건강 문제, 직장에서의 불안, 공동체 또는 가족 관계의 상실, 좌절된 꿈과 같은 삶의 현실에 지쳐 있다.

　　참가자들이 서로 이야기를 들으면서 두 번째 주제도 분명해지는데, MBSR 수업에 등록하는 것은 자신을 위해 뭔가를 하는 단계이다. 많은 사람에게 이것은 완전히 새로운 경험이다.

스스로를 돕는 데 방해가 되는 것은 무엇일까? 이 질문을 떠올리면 또 다른 질문이 떠오른다. '나 자신을 위해 무언가를 할 권리가 있을까?' 많은 사람에게 이것은 어려운 질문이다. 부모의 경우, 개인 시간을 갖는다는 것은 아이들과 떨어져 있는 것을 말한다. 힘든 일을 하는 사람은 일찍 퇴근하면서 다른 사람들에게 일을 대신해 달라고 하는 것이 부당하다고 느낀다. 나이 든 아버지를 둔 아들은 자신이 멀리 있는 동안 무슨 문제가 생길까 봐 걱정한다.

많은 참가자는 자신을 돌보는 것이 잘못이라거나 이기적이라고 생각하는 것을 당연하게 여긴다. 이것은 마음챙김이 우리 삶에서 어떻게 혁명적인 역할을 할 수 있는지에 대한 예이다. 연습을 계속하면서 예전에 당연시하던 것에 대해 의문을 품거나 다시 생각하기 시작할 것이다. 이것은 새로운 가능성의 세계를 열어 줄 수 있다.

수업 경험

MBSR 수업에 참가한 많은 사람은 집단으로 함께하는 것이 이 과정에서 가장 중요한 요소 중의 하나라고 말한다. 지금까지 압도적으로 느껴졌던 삶과 더 많이 가까워지고자 하는 공통의 목표와 공동체 의식을 공유하기 때문이다.

집단 과정이 원활하게 진행되도록 MBSR 지도자는 항상 모든 사람이 존중받을 수 있는 기본 규칙을 알려 준다. 여기에는 다음과 같은 내용이 있다.

- 집단 내의 모든 개인은 자신에 대해 많든 적든 원하는 만큼 이야기를 나눌 수 있다.
- 참가자들은 수업 밖에서 참가자들에 대해 이야기하지 않고, 누구의 이름도 언급하지 않음으로써 각 참가자의 사생활을 존중한다.
- 참가자들은 만약 수업에 참석할 수 없을 경우, 지도자에게 전화나 이메일로 알린다.
- 우리는 참가자들에게 마음챙김 의사소통을 위해 지켜야 할 다음과 같은 지침을 소개한다.

  1. 다른 사람 말을 방해하지 않는다.
  2. 충고나 제안을 하지 않는다.
  3. 자신의 경험을 말한다.
  4. 다른 사람을 판단하지 않는다.

왜 우리는 사람들에게 충고나 혹은 잘못된 행동에 대해 누군가에게 말하는 것을 삼가라고 하는가? 안나(Anna)는 이 지침이 그녀에게 어떻게 도움이 되었는지 표현했다.

저는 제 삶의 대부분을 유령처럼 느끼며 보냈어요. …… 사람들에게 말했지만 아무도 듣는 것 같지 않았어요. 이 수업에서, 처음으로 제 말을 들어 준다는 것을 느꼈어요. 그리고 누군가가 제 말에 동의하는지 하지 않는지는 아무 상관이 없었어요. 그건 중요하지 않았어요. 누군가 판단하지 않고, 무엇을 해야 한다고 충고하지 않으면서 들어 주어서 고마웠어요. 누군가 나를 봐 주고 내 말을 들어 준다고 느꼈어요.

첫 번째 마음챙김 수련: 건포도 명상

건포도 명상(34~37쪽에서 묘사됨)에서는, MBSR 과정의 첫 번째 회기에서 한 것처럼 오감(시각, 촉각, 청각, 후각, 미각)을 통해 작고 마른 과일을 탐구한다. 이 수련 경험을 나누어 보면 삶 속에서 두드러진 역할을 하는 몇몇 태도를 볼 수 있다.

- 우리는 좋아하고 싫어하는 관점에서 무언가를 재빨리 판단한다.
- 습관은 매우 강하고 우리는 종종 그것을 인식하지 못한다.
- 이미 알고 있다고 생각함으로써 인생에서 중요한 것을 놓치거나 무시한다.
- 새로운 경험을 받아들이지 않는다.
- 우리의 사고는 종종 과거나 미래에 관한 것이다.

건포도를 먹으면서 우리는 모든 단계의 경험에 주의를 기울였다. 이를 통해 현재 매 순간에 주의를 집중하고 머무를 수 있었다.

남은 과정 동안, 실제로는 남은 평생 동안, 건포도 수련에서 얻은 교훈은 여러분과 함께할 것이다. 한 참가자는 이렇게 표현했다.

간식으로 먹으려고 여행가방에 건포도 봉지를 챙겨 넣었어요. 어찌된 일인지 포장이 뜯겼고, 건포도가 사방에 쏟아졌어요. 나는 최선을 다해 치우려고 했어요. 그런데 남은 여행 동안 옷을 꺼낼 때마다 끊임없이 새로운 건포도가 나왔어요.

저는 건포도 때문에 옷이 더러워질까 봐 짜증이 났고 걱정이 되었어요. 동시에 MBSR 수업 도중에 배웠던 건포도 수련이 떠올랐어요. 모든 순간은 특별하고 소중하며 한순간도 낭비하고 싶지 않았어요. 으깨진 건포도를 발견하는 순간순간 마음챙김의 종이 울리는 것 같았어요. 정말 멋진 순간이었어요!

바디스캔

건포도 수행 후에 우리는 참가자들에게 바디스캔을 소개한다. 바디스캔은 MBSR에서 처음으로 하는 공식수련이다. 바디스캔을 하는 동안 발끝부터 머리끝까지 알아차림을 이동하면서, 신체 각 부위에 주의를 기울이고, 주의를 기울일 때 경험하는 것을 알아차린다. 특히 따끔거리거나 가렵거나 압박감이 느껴진다거나, 온도 변화, 가벼운지 무거운지, 긴장감, 넓은 느낌 등을 알아차린다. 또한 신체 부위가 언급될 때 특별한 느낌이 없다면 그냥 '특별함이 없다'고 알아차리기를 권장한다. 어떤 것을 찾으려 하거나 뭔가 알아차릴 느낌을 만들어 내려 하지 말고 순간순간 일어나는 것이 무엇이든 자유롭게 알아차린다.

바디스캔의 목적은 건포도 명상에서와 같이 주의를 기울이고 신체 각 부위를 경험하는 것이다. 예를 들어, 왼쪽 다리 바디스캔을 할 때는 다리에서 어떤 것을 알아차리든 간에 열린 마음으로 다음 순서에 따라 주의를 옮긴다.

- 발가락 전체
- 엄지발가락
- 새끼발가락
- 엄지발가락과 새끼발가락 사이에 있는 모든 발가락
- 엄지발가락 아래 볼록한 부분…… 움푹 들어간 부분으로 이동
- 뒤꿈치
- 발등
- 왼발 전체
- 발목
- 왼쪽 아랫다리
- 종아리
- 정강이뼈
- 무릎
- 무릎뼈
- 무릎 뒤쪽
- 왼쪽 허벅지, 바닥과 닿은 곳, 다리 윗부분

나머지 수련도 같은 방식으로 오른쪽 다리와 엉덩이, 골반, 몸통, 양팔, 목, 얼굴을 포함한 머리로 이동한다. 바디스캔이 끝나면 몸 전체로 호흡을 하고 잠시 고요함을 느껴 본다.

바디스캔 후에 참가자들은 경험을 나누는 시간을 갖는다. 첫 수업은 집에서 할 수련과 워크북 과제에 대한 검토로 끝난다.

우리는 왜 바디스캔을 하는가

바디스캔을 하는 동안 우리는 '판단 없이 주의 기울이기'라는 마음챙김의 중요한 점을 소개한다. 마음챙김 수련을 시작하면, 먼저 우리가 사물이나 상황을 있는 그대로 보지 않고 그것이 다른 것이기를 얼마나 자주 바라는지 알 수 있다. 우리는 특정 감각은 느끼지 않아야 한다고 생각할 수도 있고, 어떤 감각은 느껴야 하거나 느끼기를 원하는데 그것을 경험하지 못하고 있다고 생각할 수도 있다. 우리는 이 생각 저 생각에 빠지거나 졸거나 심지어 잠이 들 수도 있는데, 그 결과 바디스캔을 제대로 하지 못한다고 느낀다. 마음챙김 수련을 시작할 때, 많은 참가자가 자신에게 얼마나 비판적인지 놀랍고도 걱정스럽다.

동시에 자신을 판단하는 데 너무 자주 빠지는 것을 보면서, 우리는 마음챙김의 중요한 기술을 연습할 수 있다. 즉, 판단하고 있음을 알아차리거나 깨닫기 시작한 다음에는 부드럽게 판단을 멈추고 바디스캔을 하고 있는 지점으로 주의를 돌려 온다. 자기판단을 계속하려는 유혹을 느낄 수도 있지만, 지속적인 마음챙김 수련을 통해 마음챙김 자각(awareness)의 길을 몇 번이고 선택할 수 있음을 배운다.

마음챙김 훈련 중 경험하는 모든 것이 수련의 일부이다. 인생처럼 일들은 항상 일어난다. 존 레넌(John Lennon)이 〈Darling Boy〉라는 곡에서 아주 현명하게 노래한 것처럼 "인생이란 다른 계획을 세우느라 바쁠 때 당신에게 일어나는 일이다". 그것은 기정사실이다. 그러나 우리는 우리 자신이 어떻게 반응할지에 영향을 미칠 수는 있다.

예를 들어, 바디스캔을 하는 동안 마음챙김 선택을 연습한다. 첫 번째 단계는 우리가 선택을 할 수 있다는 것을 알아차리는 것이다. 하지만 먼저 마음챙김 근육을 강화해야 하는 경우가 많다. 왜냐하면 우리는 자동 반응하려는 성향이 매우 강하기 때문이다. 시간이 흐르면 자동 반응에서 마음챙김 대응으로 이동할 수 있다. 즉, 다른 방식으로 대응할 수 있다는 사실을 인식하게 된다.

바닥에 누워 집단으로 바디스캔을 하면 무언가 강력한 것이 존재하게 된다. 또한 수업 참가자들이 바디스캔을 할 공간을 준비하려고 움직일 때, 그들이 자신을 편안하게 돌보기 위해 얼마나 주의를 기울이는지를(일상에서는 보통 후다닥 해치우는 행위이다) 관찰하면서 감동을 느낀다. 참여자들이 수업에 참여하는 방식은 각자 다르지만, 마음챙김 수련에 뛰어들어 최선을 다하겠다는 의도를 공유한다고 느낄지도 모른다. 집단은 매우 다양한 사람으로 이루어져 있지만, 적어도 바디스캔을 하는 순간은 자신의 몸을 알아차리는 가능성을 기꺼이 탐구하고자 하는 공동체가 된다.

바디스캔의 여러 가지 측면

- 바디스캔을 통해 마음챙김 명상의 핵심 원칙 중 하나인 '바꾸려고 하거나 통제하려 하지 않는다'를 배운다.
- 바디스캔으로 다음 내용을 배우며 마음챙김의 주요 측면을 수련할 기회를 갖는다.

1. 특별한 방식으로 주의를 겨냥한다/기울인다.

2. 주의가 다른 데로 가면 알아차린다.

3. 현재 순간으로 돌아온다.

4. 판단, 거부, 회피 등 습관적인 반응을 알아차린다.

5. 우리 자신의 선호와 편견을 알아차린다.

6. 생각하는 것과 알아차림으로 느끼는 것의 차이를 인식한다.

• 바디스캔은 머리에서 벗어나 몸으로 돌아오는 방법이다. 우리는 종종 신체와의 접촉이 끊기고, 몸이 우리에게 주는 신호와 지혜를 무시한다. 우리는 몸을 거부하고, 바꾸려 하고, 건강의 한계를 넘어 지나치게 밀어붙인다. 우리는 몸의 존재를 당연시하고 몸을 우리 안의 모든 인간됨의 체현으로 여기기라보다는, 단지 기계라고 생각한다.

• 바디스캔을 통해 불편한 부분을 포함하여 몸 전체를 새로운 방식으로 인식하게 된다. 우리가 아마도 오랫동안 밀쳐 냈던 무엇인가를 알게 될 가능성이 주어진다. 그렇게 함으로써, 우리가 밀쳐 내면, 없애고 싶은 바로 그 부분들과 접촉하고 친밀해지는 것보다 훨씬 더 많은 고통을 초래한다는 것을 알 수 있다.

• 바디스캔을 할 때, 우리는 사람들이 적절한 자세를 취하고 담요나 베개 등 필요한 물건을 자유로이 사용하게 함으로써 스스로를 돌볼 수 있도록 격려한다. 과정 전반에 걸쳐 자기돌봄이 논의된다.

• 바디스캔의 중요한 측면 중 하나는 몸을 전체로 경험하는 것이다. 몸이 연결된 하나라는 느낌은 병에 걸렸거나 통증을 겪으며 살고 있을지라도 경험할 수 있다.

• 통증에 대처하는 사람들은 종종 자신이 통증 자체가 아니라 그 이상이라는 것을 깨닫게 된다. 또한 바디스캔에서 통증이 없는 신체 부위를 경험할 수 있다.

• 바디스캔은 이완 연습이 아니다. 깨어 있음과 주의력을 키우도록 고안된 마음챙김 수련이다. 어떤 참가자들은 처음에는 이러한 부분을 이해하지 못할 수도 있다. 이완은 종종 강력한 목표이고, 눕는 자세는 보통 이완이나 수면과 관련되기 때문이다.

바디스캔 수련에 도움이 되는 제안들

1. 때때로 참가자들은 바디스캔 도중 움직여도 되는지 질문한다. 이런 질문은 의식적 선택과 자동 반응 사이의 차이점을 반영하는 좋은 실마리가 된다. 우리는 움직이고 싶은 충동을 알아차리는 연습을 할 수 있고, 그 순간 움직이지 않고 무슨 일이 일어나는지 관찰하기로 선택하는 연습도 할 수 있다. 우리는 또한 움직이기로 결정하고 마음챙김 움직임이 되도록 천천히 알아차리며 움직일 수도 있다. 이와 같은 수련에서 우리는 반응과 대응의 차이를 탐구한다.

2. 어떤 참가자들은 통증을 없애거나 이완하기 위한 도구로 몸의 한 부분으로 숨이 들어오고 나간다고 생각하기도 한다. 바디스캔을 할 때는, 호흡을 사용하여 통증이나 긴장, 불편, 불안을 비롯한 어떤 것도 없애려고 하지 않는다.

3. 바디스캔을 할 때는 몸의 한 부분을 알아차리고 그다음 부분으로 주의를 이동한다. 특정 부위에 더 오래 머물고 싶은 마음이 들 수도 있다. 또 어떤 때는 바디스캔의 안내가 너무 느리다고 느낄 것이다. 여기서 우리는 자신이 어떤 일을 하는 특정한 방식에 집착할 수 있고, 좋아함과 싫어함이 극명하게 나뉜다는 것을 알면 도움이 된다.

다음은 **우울증을 위한 마음챙김에 근거한 인지치료**(Mindfulness-Based Cognitive Therapy for Depression) 연구를 토대로 제안한 것이다.[19]

1. 바디스캔을 하는 동안 경험한 것은 모두 수련의 일부이다. 이 경험에는 잠이 드는 것, 몸의 어느 부분을 하는지 모르는 것, 불쾌하거나 유쾌한 느낌이나 감각을 알아차리는 것, 집중력을 잃는 것이 다 포함될 수 있다. 최선을 다해 그 경험들을 있는 그대로 알아차리는 것이 가능한지 본다. 아무것도 바꿀 필요가 없다.

2. 마음이 산만해질 때마다 생각을 마음에서 지나가는 사건들로 여기고 생각에 부드럽게 주의를 기울인 다음, 마음을 다시 바디스캔으로 가져온다.

3. 이러한 연습을 마치 경쟁적인 시합을 하듯 접근하는 경향이 있다. 이러한 경향성은 우리가 스트레스를 만들어 내는 보편적인 방법에 대한 통찰을 주기 때문에 이를 알아차리면 도움이 된다. 이러한 사실을 알아차린 후에, 바디스캔을 잘하고자 하는 욕구, 성공이나 실패에 대한 어떤 생각, 제대로 하고자 하는 마음을 내려놓는다. 이런 점에서 가장 도움이 되는 것은 진정한 관심과 호기심을 지닌 태도를 키우는 것이다. 그러고 나서 나머지는 스스로 일어나게 둔다.

4. 바디스캔이 어떤 영향을 미칠지 기대와 희망을 키우기보다는, 여러분이 씨앗을 뿌리고 있다고 상상해 본다. 씨앗을 뿌리고 간섭하면 할수록 성장은 더딜 것이다. 바디스캔도 마찬가지이다. 씨앗을 뿌리고 땅에 물을 주듯 그냥 인내심을 가지고 연습을 한다. 언제 지혜의 싹이 땅에서 돋아날지 알 수 없다.

마음챙김이 주는 선물

MBSR 과정 첫 주에 마음챙김이 우리 삶 속에서 할 수 있는 역할이 소개된다. 그 후 몇 주 동안 이러한 모습들은 그들의 모든 미묘한 차이 속에서 분명해질 것이다. 크리스털을 햇빛에 비추면서 회전시키면 여러 각도에서 다양한 면이 드러나듯이, 우리 삶은 그 모든 미묘함과 다양성을 펼쳐 보일 것이다.

많은 참가자가 알아차리게 되는 중요한 측면은, 우리에게는 자신과 상황의 좋지 않은 부분에만 초점을 맞추려는 경향이 있다는 것이다. 마음챙김의 주제에 관해 존 카밧진(Jon Kabat-Zinn)은 이렇게 말한다. "숨을 쉬고 있는 한, 어떤 일이 있더라도 잘못된 것보다 잘된 것이 많다."

　이러한 배경에서, MBSR 과정의 중요한 측면은 다음과 같이 설명될 수 있다. 우리 각자는 삶의 문제에 대처할 수 있는 자원과 능력을 가지고 있으며, 그것들은 마음챙김을 수련함으로써 강화될 수 있다. 비판단적 태도를 배우면 자신과 더 깊이 접촉하고 삶에 감사하게 된다.

　마음챙김으로 매 순간의 독특함과 활력을 인식하는 능력이 강화된다. 마음챙김을 통해 우리는 몸 감각에 민감해지고, 깊이 뿌리박힌 생각과 느낌의 자동 패턴을 더 잘 알게 된다. 동시에, 내면과 외부의 상황을 인식하고 그 상황에 휘말리지 않도록 한다. 마음챙김을 통해 새로운 공간이 만들어지고 우리는 그곳에서 거리를 두고 문제를 관찰할 수 있고, 더 명확하게 창조적 의사결정과 행동을 할 수 있게 된다.

　MBSR을 시작할 때, 무슨 일이 일어날지 정확히 예견하거나 약속하지는 못한다. 그러나 경험에 따르면, 마음을 열고 현재 순간의 풍요로움을 찾을 준비가 된 사람들에게는 종종 새롭고 예상하지 못한 가능성이 있다.

　1978년 3월 27일의 『패밀리 서클(Family Circle)』이라는 잡지에 실린 다음의 인용문은 MBSR 과정 참가자들을 위한 소책자에 포함되어 있으며, 첫 번째 수업의 마지막에 이야기된다. 이 이야기는 많은 참가자의 마음속 여린 곳을 어루만져 주고, 일상생활이 마음을 챙기는 순간들로 가득한 보물 상자임을 상기시킨다. 그 상자를 열기 위해서 우리가 할 일은 단지 **지켜보는** 것이다.

　　만일 내가 인생을 다시 살 수 있다면, 이번에는 더 많은 실수를 할 것이다. 긴장을 풀고 준비운동을 할 것이다. 이번 생보다 더 우스꽝스러워지고 덜 심각해질 것이다. 난 더 많은 기회를 가질 것이다. 더 많은 산에 오르고 더 많은 강에서 수영도 할 것이다. 아이스크림은 더 먹고 콩은 덜 먹을 것이다. 현실적인 어려움은 더 많을지도 모르지만 상상 속의 문제는 더 적을 것이다.

　　알다시피, 나는 매일 매시간 합리적이고 분별력 있게 살아가는 사람이다. 아, 내게도 좋은 시절이 있었다. 만약 인생을 다시 산다면, 좋은 순간을 더 많이 가질 수 있을 것이다. 사실 나는 더 이상 아무것도 가지려고 하지 않을 것이다. 다가올 수많은 날을 생각하며 살아가는 대신에 하나씩 하나씩 그 순간만 살 것이다. 지금까지 난 체온계와 보온병, 비옷, 낙하산 없이는 어디에도 가지 않는 사람들 중의 하나였다. 내가 다시 인생을 살 수 있다면 한결 가볍게 여행길에 나설 것이다.

　　만약 내가 인생을 다시 살 수 있다면 초봄부터 늦가을까지 맨발로 뛰어다닐 것이다. 춤도 더 많이 추러 가고 회전목마도 더 자주 타고 데이지 꽃도 많이 꺾을 것이다.[20]

마음챙김 먹기
- - - - - - - - - - - - - - -

　우선, 다른 사람들과 대화하지 않고 말없이 마음챙김 먹기 연습을 하는 것이 일반적으로 더 쉽다. 그러나 다른 사람들과 함께 연습하는 것도 가능하고, 결국 같이 하고 싶을지도 모른다. 식사의 처음부터 끝까지 할 수도 있고, 한 부분에서만 마음챙김 먹기 수련을 할 수도 있다. 지도자는 매 식사의 첫 한 입을 먹을 때 마음챙김 먹기 연습을 하라고 한다. 때때로 가족을 포함하여 많은 사람이 함께 마음챙김 먹기를 연습할 때는 식사 시작 후 첫 5분 동안 말없이 조용히 먹는다.

- 먼저, 음식을 자세히 살펴본다. 음식의 색깔, 모양, 질감, 냄새 등 특징이 무엇인가?
- 음식을 집을 때 손에 든 포크나 숟가락의 느낌과 입으로 가져가는 동작의 감각을 알아차린다.
- 음식을 입에 넣을 때 무엇을 알아차리는가? 어떤 느낌인가? 온도, 모양, 크기, 그리고 다른 특성들에 대해 무엇을 알아차릴 수 있는가?
- 음식의 맛을 마음챙김하면서 천천히 씹기 시작한다. 달콤한가, 신맛이 나는가, 톡 쏘는가, 쓴가, 매운가, 담백한가, 아니면 다른 맛인가? 충분히 시간을 들여 씹으면서, 삼키기 전까지 시간이 얼마나 걸리는지 실험해 보라.
- 최대한 삼키고 싶은 충동을 알아차린다. 음식을 삼키는 동안 아래로 내려갈 때 나타나는 어떤 느낌이라도 알아차린다.
- 다음 한 입을 먹기 위해 빨리 입을 비우려는 충동을 매번 알아차린다.
- 또한 얼마나 많이 먹는지, 얼마나 빨리 먹는지, 몸이 음식에 어떻게 반응하는지, 어떤 생각이나 감정이 일어나는지 알아차릴 수도 있다.

세상과 우리 자신을 인식하는 방법

> 진정한 항해의 목적은 새로운 풍경을 찾는 것이 아니라 새로운 시각을 갖
> 는 것이다.
>
> —마르셀 프루스트(Marcel Proust)

MBSR 수업 2회기에는 서로 인사를 한 후에, 안내에 따라 바닥에 누워 바디스캔을 시작한다. 바디스캔이 끝나면, 수업이나 집에서 연습할 때 겪은 경험에 대해 이야기를 나눈다.

여기 몇 가지 의견이 있는데, 존(John)은 이렇게 말했다. "어떻게 연습할 시간을 찾을지 끊임없이 생각하게 되었어요." "지금 그 말을 하는 건 꽤 웃긴데, 그냥 누워서 하면 되는 거였어요."

바바라(Barbara)가 조심스럽게 덧붙이기를, "저는 바디스캔을 하는 동안 거의 잠만 잤어요."라고 하였다. (몇몇 사람이 미소를 짓거나 그녀의 말에 고개를 끄덕였다.)

한스(Hans)는 "저는 몇 년 동안이나 느끼지 못했던 신체 부위를 느꼈어요. 제 자신과 연결되어 좋았어요."라고 말했다.

심한 관절염을 앓고 있는 나이가 많은 조앤(Joan)이 말했다. "통증에서 벗어나기 위해 할 수 있는 모든 것을 다 했어요. 하지만 이 프로그램을 하려고 노력했고, 바디스캔을 하는 것도 그 일부라고 생각했어요. 바디스캔을 하는 동안, 마음이 다른 데로 가면 어디든지 있던 곳으로 계속 돌아왔어요. 내가 통증에서 항상 다른 데로 마음을 돌리려 할 때 일상에서 얼마나 많은 에너지를 소비하게 되는지

알아차렸어요. 아마도 외면하는 것이 항상 답은 아닌 것 같아요."

곧 바디스캔을 하는 데 맞는 방법과 틀린 방법이 있는가 하는 특정 질문이 나타난다. 더 많이 이야기해 보면 사람들은 다음과 같은 방식으로 생각하는 경향이 있다. '맞게 하고 있다'의 의미는 깨어 있고 나중에 편안함을 느낀다는 것을 의미했고, '틀리게 하고 있다'의 의미는 잠이 들거나 통증이나 불편함을 더 느낀다는 것이다.

우리의 경험을 맞거나 틀린 것, 좋거나 나쁜 것으로 판단하는 경향은 마음챙김을 실천할 때 바로 분명해진다. 이것 자체가 나쁘다거나 좋다는 것은 아니지만, 경험을 맞는 것과 틀린 것으로 구분함으로써 삶에서 일어날 수 있는 매우 다양한 사건 중 우리의 계획과 맞지 않는 것은 차단하고, 알게 모르게 기분 좋아지는 것은 찾고, 그렇지 않은 것들은 거부하는 결과가 나타난다.

맞는 것도, 틀린 것도 아니다

수업 참가자들이 바디스캔 경험을 탐색할 수 있도록 MBSR 지도자는 다음과 같은 질문을 할 수 있다.

"몸의 어떤 부분에 주의를 기울일 때 잠이 들었습니까?"

"마음이 다른 데로 갔다는 것을 깨달았을 때와 잠에서 깨어났을 때 한 반응방식에 대해 무엇을 알게 되었습니까?"

"어느 순간 지루하다는 생각이 들었다고 하셨는데, 이 생각이 떠오른 순간 무슨 일이 일어났습니까?"

"몸의 한 부분을 경험하지 않았다고 말씀하셨는데, 그 당시 어떤 생각이나 느낌 또는 감각이 떠올랐습니까?"

"바디스캔을 한 후, 마치 호흡이 전신을 연결하는 것처럼 몸 전체에 강한 감각을 느꼈다고 말씀하셨는데, 이것에 대해 좀 더 말씀해 주시겠습니까?"

바디스캔에 대한 이러한 탐구 작업으로, 우리 자신을 조사하고 느끼고 접촉할 수 있다. 이것에는 우리가 언제 알아차리지 못하는지를 인식하는 것까지 포함된다. 또한 탐구 작업으로 바디스캔에서 얻은 교훈을 잘 이해할 수 있다. 바디스캔을 하는 데 맞거나 틀린 방식은 없다. 우리가 경험한 것이 무엇이든, 그 자체로 가치를 가진다. 이와 같은 탐구를 통해, 절대적으로 맞고 틀리다는 용어로 분류하는 쪽에서 모든 경험에 있는 풍부한 뉘앙스를 음미하는 쪽으로 옮겨 간다.

당신이 보는 것이 실재인가

2회기의 주제는 우리가 세상을 어떻게 인식하는지 알아차리는 것이다. 실제로 우리는 어떤 것에 대한 해석과 실제로 존재하는 것 사이의 관계를 탐구한다. 대부분 우리가 사물을 있는 그대로 본다고 생각하지만, 진실과는 거리가 멀다. 어떤 의미에서 우리는 항상 안경을 쓰고 있다. 우리의 배경, 문화, 개인사, 교육, 경험, 우리에게 영향을 미친 모든 사람, 생각, 사물들이 그 안경에 색깔을 입힌다. 우리의 태도 역시 색안경이 되어 우리가 인식하는 것을 걸러 내고 세상과 관계하는 방식에 영향을 미친다.

무엇을 어떻게 보는가 하는 것은 정말로 매우 개인적이다. 우리가 만들어 낸 의견은 그냥 의견인 것이다. 우리는 종종 자신의 의견을 정확한 사실이라 여긴다. 우리가 다른 사람들과는 상황을 전혀 다르게 볼 수 있는데도, 마음속 깊은 곳에서는 우리의 생각이 맞고 다른 사람들이 실수하고 있다고 생각한다.

과제: 아홉 개의 점 잇기
−어떻게 태도가 인식을 형성하는가

참가자들은 1회기 과제로 아홉 개의 점 잇기를 하게 된다.

이 과제는 종이에서 펜을 떼지 않고, 모든 선은 한 번만 지나는 조건으로 네 개의 직선만 이용하여 아홉 개의 점들을 잇는 것이다.

아홉 개의 점 잇기 과제를 한 후 나온 의견은 다음과 같다.

- "저는 3일 동안 매달리다 포기했어요. 주어진 조건대로 풀기는 불가능한 일이에요."
- "저는 빨리 좌절했고, 그러다가 화가 났죠. 분명 뭔가 설명이 빠진 게 있을 거라고 느꼈어요."
- "이건 시간낭비라고 생각했어요. 그래서 시작하고 5분 후에 옆으로 치워 버렸어요."
- "전에 이 문제를 본 적이 있었는데 답이 기억나지 않았어요. 그것 때문에 미치겠더라고요."

아홉 개의 점 잇기 과제는 언뜻 보기에는 풀 수 없을 것 같다. 문제를 해결하는 열쇠는 새롭게 인식하는 것인데, 이것은 우리가 종종 질문도 하지 않고 가정을 진실처럼 받아들이고, 이것이 상황에 대한 견해를 제한한다는 것을 인식하는 것이다. 많은 참가자가 그 퍼즐의 답을 보면 '아하!' 하는 순간을 경험한다. 답을 찾으려면 문제를 보는 방식을 바꾸어야 한다는 것이 전적으로 수긍될 것이다.

아홉 개의 점 잇기에 대한 토론이 종종 활발하게 일어나는데, 이때 한 가지 관점에 갇히는 경향에 대해 이해를 하게 된다. 이 사실을 알게 되면, 사물을 다르게 인식하는 첫걸음을 내딛는 것이다.

더 큰 그림 그리기

MBSR 과정 2회기에서, 지도자는 '마음챙김 보기 연습(mindful seeing exercise)'을 진행할 수 있다(128~129쪽 참고).

마음챙김 보기 수업에서, 작가이자 독일의 에센 대학교 자연 및 통합의학 클리닉 심신치유사인 닐스 알트너(Nils Altner) 박사는 다음과 같이 말했다.

스트레스에 직면해서 마음을 챙긴다는 것의 핵심은, 상황은 바꿀 수 없을지라도 그 상황에 대한 인식의 본질은 얼마든지 바꿀 수 있음을 아는 것이다. 스트레스를 받을 때 우리는 종종 상황을 한 가지 관점으로만 본다. 마음챙김 보기는 우리가 세상에 대한 생각을 어떻게 확장하거나 축소하는지 알 수 있도록 한다. 전체 그림을 보고 나서 그 그림의 더 자세한 세부 사항을 알게 되면, 마치 처음으로 새 안경을 쓰는 것과 같다.

우리는 예전 안경을 쓰고 계속 볼 수도 있으나, 새로운 안경을 쓰면 좀 더 선명하고 깨끗하게 더 자세히 볼 수 있다. 물론 우리는 오래된 안경을 쓰고 살 수도 있고, 새로운 안경을 쓰고 더 잘 볼 기회를 놓칠 수도 있다. 하지만 우리 자신의 상황에 관해서는 선택할 수 있다. 마음을 챙겨 봄으로써 바로 이러한 선택을 하는 것이다. 마음챙김 보기는 명료한 봄이라는 선물과 같다. 우리 자신에게 줄 수 있는 선물, 배려와 친절에 의해 동기가 부여되는 선물이다.

무언가에 의식을 집중할 때, 자연스럽게 '훌륭하다' '나한테 맞지 않다' '나는 모든 것을 보았다' '새로운 것이 아니다' 등등처럼 자연스럽게 의견을 가지게 된다. 만약 목표하는 것을 응시하지 않고 주위를 둘러본다면, 예기치 않은 일들이 일어날 수 있다. 망원렌즈가 광각렌즈와 대조적으로 보이듯 매우 집중해서 보면 광

활하게 보는 것과 다른 점이 드러날 것이다.

아홉 개의 점 잇기와 마음챙김 보기 연습(아래 참조)은 상황을 새롭게 인식하게 하고, 그렇게 함으로써 이전에 보지 못했던 새로운 관점이나 해결책을 보여 준다.[21]

마음챙김 보기 연습

마음챙김 보기 연습은 우리가 시선을 돌려 시각을 선택하는 방식을 탐험한다. 마음챙김 보기 연습을 하기에는 큰 창문이 있는 방이 가장 좋고, 야외를 볼 수 있으면 더 이상적이며 밖에서 연습할 수도 있다. 조용한 장소가 도움이 된다. 이 연습은 10~20분 정도 어디서나 가능하다. 다음은 알트너(Altner) 박사가 MBSR 수업에서 제공한 지침을 기반으로 한 것이다.[22]

- 창밖을 보며 시작한다. 이리저리 보면서, 창문틀 안에 보이는 여러 가지 사물, 집, 나무, 사람 등등을 전체 그림으로 본다. 전경, 중경, 배경, 표면과 색상을 인식하는 실험을 해 본다.
- 스스로에게 물어볼 수 있는 유용한 질문
  - 이런 식으로 보면 어떤 생각이 떠오르는가?
  - 어떤 감정이나 기분이 있다면 알아차리고 있는가?
- 이제, 작은 영역에 시선을 집중한다. 이 영역(또는 지점)을 둘러싸고 있는 부분을 어떻게 인식하는가? 이 영역에만 최대한 집중하면 나머지 부분은 어떻게 되는가?
- 이렇게 응시하며 시간을 보낸 후에는, 눈 근육을 이완하고 시선을 흐릿하게 해서 초점을 부드럽게 한다. 시간이 지나면 다양한 방식으로 시선을 돌리는 실험을 시작한다. 예를 들면, 다음과 같다.
  - 전체 풍경을 다 보도록 시야를 확대할 수 있는가?
  - 눈을 움직이지 않고 주의를 기울이고 있는 초점을 바꿀 수 있는가? 아니면 초점과 눈이 연결되어 있는가?

- 이제 주의가 전체 풍경으로 고르게 퍼져 나가는 순간, 무엇(생각, 감각, 감정)을 알아차리는가?
- 레이저처럼 새로운 점에 집중한다면 무엇을 알아차릴 수 있는가?
• 계속 응시하며 초점 맞추기로 다음과 같은 실험을 계속한다.
  - 머리를 움직이지 않고, 자신의 일부분을 볼 수 있는가? (예를 들어, 여러분의 코, 안경, 윗입술)
  - 주의를 안쪽으로 돌려서 실험한다. 그러나 눈은 계속 뜨고 있다. 호흡을 느낄 수 있는가? 몸은? 생각이나 느낌이나 또는 둘 다 느껴지는가?
• 방 안을 둘러보면서 내면에 집중하는 실험을 계속한다. 방 안에 있는 여러 가지 물건을 본다.
• 이제 앞에 놓인 장면을 계속 보면서 할 수 있는 한 자신의 몸을 알아차린다.
  - 호흡이 느껴지는가? 몸도 느껴지는가?
  - 생각이 알아차려지는가? 느낌은 어떤가?
  - 내면에 주의를 둘 때 시선은 어떻게 되는가?
  - 호흡으로 인한 몸의 감각을 느낄 수 있나?
  - 호흡은 몸을 어떻게 움직이는가?
• 계속해서 자신과 호흡과 몸에 대한 알아차림을 완벽하게 유지한다. 동시에, 방 안에 있는 여러 물건으로 시선을 이동한다.
• 잠시 후에, 대상에 맞추어진 시선의 초점을 놓아 버리고 천천히 이 연습을 마친다. 이제 눈을 쉬게 하려고 감고 싶을 수도 있다. 그런 다음 몸을 움직이고, 스트레칭하고, 하품을 하거나 몸이 하고 싶어 하는 대로 한다.

마음챙김 보기 연습은 삶에서 일어나는 일들을 인식하는 방식을 바꿀 가능성을 강조하고, 그렇게 함으로써 사건에 대한 우리의 모든 경험을 재구성하게 한다. 이름가르트(Irmgard)의 이야기는, 과거에 겪은 힘든 경험에 대한 인식이 어떻게 현재의 도전 과제를 다루는 지혜의 원천으로 변했는지를 보여 준다.

제가 여섯 살쯤 되었을 때, 자전거를 가지러 지하실로 내려갔어요. 전구는 깨졌지만 더러운 창문을 통해 햇빛이 들어왔어요. 어느 순간 저는 총을 들고 있는 것처럼 보이는 한 남자의 그림자를 본 것 같았고 지하실에서 뛰쳐나왔어요. 지금까지도 그곳에 누가 있었는지 없었는지 모르겠어요.

제가 MBSR을 하러 온 이유는 제가 하는 일, 저의 아이들, 그리고 일상적인 삶에 대해 많은 두려움을 느끼기 때문이에요. 마음챙김 수련은 제가 두려움과 접촉하는 데 도움을 주었어요. 불편한 느낌, 생각, 감정과 함께 있는 법을 배웠어요. 이제 제가 무언가에 대해 걱정할 때, 특히 도전을 받을 때, 저는 스스로에게 "가서 지하실에서 자전거를 꺼내야 할 때야."라고 말해요.

처음에 떠오른 두려움을 떨쳐 낼 수 없을지 모르지만, 더 이상 그 두려움이 제가 어디로 가고 무엇을 하는지를 제한하지 않도록 알아차릴 수는 있어요. 제가 느꼈던 두려움은 여전히 그 자리에 있지만, 더 이상 저를 멈추게 하지는 않아요. 그때의 두려움은 때로는 제가 포기하고 싶을 때 저를 지지하는 친구와 같아요. 정말이지 아주 소중한 친구 말이에요.

과제: 마음챙김 호흡의 교훈

2회기 과제의 일부로, 참가자들은 호흡 알아차림 명상을 하게 된다. 많은 참가자가 과정이 끝난 후 여러 해 동안 이 명상을 계속해서 수련한다.

기분에 따라 호흡이 어떻게 변하는지 알아차린 적이 있는가? 긴장하거나 화가 날 때는 짧고 얕아지며, 흥분할 때는 더 빨라지고, 행복할 때는 안정적이며 강하고, 겁에 질릴 때는 거의 호흡이 없어지는 것을 아는가? 호흡은 항상 우리와 함께 있다. 호흡 알아차림을 하면, 몸과 마음이 현재 순간에 닻을 내려 안정될 수 있다. 우리는 어떤 순간에도 주의의 채널을 호흡에 맞출 수 있다.

대부분의 시간에 우리는 호흡과 접촉하지 않는다. 이것이 MBSR에서 첫 번째 마음챙김 연습 중 하나를 호흡과 연결하는 이유이다. 우리는 호흡을 조절할 필요가 없다. 우리는 그저 할 수 있는 한 최대한 그것을 알고 싶을 뿐이고, 친구처럼 그것을 알기를 원한다.

마음챙김 호흡을 하면 우리가 한 호흡, 한 호흡, 매 순간의 들숨과 날숨에 현존할 수 있음을 알게 된다. 그로 인해 우리는 지금 여기에 닻을 내리고, 현재 순간을 온전하게 경험한다. 이는 동시에 마음챙김이 영구적인 상태가 아니라 반복적으로 만들어지는 것임을 보여 준다. 우리가 마음이 떠도는 것을 알아차릴 때마다 호흡에 관심을 돌리는 것은 깨어 있는 상태를 유지하는 강력한 단계이자, 우리 삶에 세심한 관심을 기울이는 연습이 된다.

많은 사람은 마음챙김 호흡을 통해 현재로 돌아올 수 있다는 미묘한 자신감이 생기며, 이것이 보살핌과 자기확신이라는 것을 알게 된다. 이는 우리가 목적 없이 표류하기보다는 삶의 순간들과 함께 접촉하고 흘러갈 수 있음을 다시 확인시켜 준다.

또한 바디스캔에서처럼 마음챙김 호흡에서도 자신이 얼마나 비판적이고, 자신의 욕구가 얼마나 강한지 알 수 있다. 마음이 호흡에 더 이상 집중하지 않는다는 것을 알게 되면, 다양한 정신적인 반응에 사로잡히기 쉽다. 자신을 판단 혹은 비판하거나, "너무 힘들어."
와 같은 말을 하거나, 이 모든 것이 이치에 맞지 않는다는 사실에
웃기 시작할 수도 있다.

우리 자신을 향한 친절함을 기르고, 우리 안에서 일어나는 가혹
함에 대한 부드러운 인식을 함양할 때, 우리는 치유를 향해 한 걸음
내딛는다. 정답을 맞히거나 기준을 충족하는 데 주력하기보다, 한
걸음 비켜나 삶을 지금 이대로 허용할수록 삶이 흐를 수 있다고 매
호흡마다 단언한다.

우리 자신을 대하는 내적 태도는 명상에서 지시를 따르는 방법
만큼 중요하다. 우리의 태도는 수련에 영향을 미친다. 명상이 통과
해야 할 시험이라는 인상을 받으면 불쾌한 의무가 된다. 만약 너무
이완에 초점을 둔다면 긴장하거나 너무 피곤해져서 이완할 수 없
을 때는 실망하게 될지도 모른다.

마음챙김 호흡

이 지시문은 마음챙김 호흡을 안내하기 위해 만들어진 것이다. 이를 하기 위
한 몇 가지 방법은 다음과 같다.

1. 각 섹션의 끝에서 멈추면서 지문을 읽는다.
2. 먼저 전체 지문을 여러 번 읽은 다음, 지문을 보지 않고 얼마 동안 마음챙
   김 호흡 연습을 할 수 있다.

만약 앉기 명상이 처음이라면, 한 번에 10분 정도 연습한다.

• 의자나 무릎 벤치, 명상 쿠션, 또는 침대에 앉는 것 중 어떤 것이든 앉아 있
  기에 편안한 보조도구를 고른다.

- 할 수 있는 한 편안한 자세로 똑바로 앉는다. 턱을 가슴 쪽으로 부드럽게 당기면 목 뒷면이 살짝 늘어나면서 길어지는 느낌이 들 것이다. 손을 허벅지에 얹거나, 양손을 무릎 위에 포개 놓는다. 가장 편안한 자세라면 무엇이든 괜찮다. 눈을 감거나 부드럽게 아래를 응시하며 눈을 뜨고 있어도 된다.
- 앉아서 잠시 몸을 경험한다. 알아차릴 수 있는 감각을 경험하며 몸에 주의를 기울인다. 이 경험에는 엉덩이와 바닥이 닿는 느낌, 손이 허벅지나 닿거나 양손이 서로 닿는 느낌 등이 있다.
- 호흡감각에 주의를 기울인다. 호흡을 가장 명확하게 느끼는 신체 부위에 의식을 집중시키는 것이 도움이 된다. 호흡은 복부에서 가장 잘 느껴질 수도 있다. 만약 그렇다면 들숨과 날숨에 배가 불러 오고 꺼지는 것을 느껴 본다. 갈비뼈와 폐가 호흡할 때마다 움직이면서 몸의 윗부분에서 더 많은 호흡을 느낄지도 모른다. 공기가 들어오고 나가는 것을 느끼면서 콧구멍 가장자리에서 숨결이 가장 선명하게 느껴질 수도 있다. 호흡을 가장 생생하게 느끼는 또 다른 신체 부위가 있을 수도 있다.
- 신체의 이런 부위 중 하나를 선택하고, 나머지 연습 동안 그곳에 주의를 기울인다.
- 숨이 몸으로 흘러 들어오고 흘러 나가면서 느껴지는 감각을 알아차린다. 그저 숨이 들어오고 나가게 한다. 숨이 저절로 오가게 둔다.
- 호흡이 지금과 다르기를 원한다는 것을 이따금 알아차릴 수 있다. 이 생각이 떠올랐다는 것을 알아차리고, 그다음에는 부드럽게 그리고 명확하게 주의를 몸으로 들어오고 나가는 호흡의 흐름으로 돌린다.
- 그 과정에 대해 긍정적이든 부정적이든 의견이 떠오르는 것을 알아차릴 수 있다. 예를 들어, '오늘 특별히 잘하고 있어.'라거나 '이런 연습은 효과가 없어.'와 같은 생각이 들 수 있다. 이러한 의견들을 알아차리는 즉시 자신에게 다음과 같이 알려 준다. '이건 그냥 생각일 뿐이야.' 그런 다음, 친절하고 호기심 어린 태도로 주의를 호흡으로 돌린다. 판단도, 자기비판도 필요 없다. 그냥 부드럽게 호흡으로 돌아간다.
- 한 번의 호흡에 이어지는 다음 호흡이 어떤지 느껴 본다. 아마 호흡 사이에 잠시 멈추는 것을 알 수 있을 것이다.

- 연습을 하면서 공상에 사로잡혔든 기억에 사로잡혔든 주의가 흐트러지는 것을 알 수 있다. 미래에 대한 계획을 세우거나 뭔가 걱정하는 것일 수도 있다. 예를 들어, '다음 쇼핑여행을 계획 중이다.' 또는 '동료와 이야기할 게 걱정이다.'와 같은 것들이 있다. 만약 이것을 알아차렸다면, 잠시 멈추고 생각이 어디로 흘러갔는지 주목한다.
- 주의가 옮겨 다니는 것은 전적으로 자연스러운 일이다. 이것을 문제나 실패로 생각하지 않는다. 우리는 다른 모든 것을 알아차리는 것과 마찬가지로, 방황하는 경향을 관찰한 다음 호흡감각으로 돌아간다.
- 호흡을 조절하거나 판단하지 말고 호흡을 위한 호흡, 지금 이 순간 호흡과 함께 한다.
- 몸에서 긴장감을 알아차린다면, 알아차림을 부드럽게 할 수 있는지 본다. 호흡에 두는 주의 집중을 가볍게 하면 도움이 될 것이다.
- 만약 알아차림이 너무 약하다면, 졸거나 잠이 들 수 있다. 만약 이렇다면, 주의를 호흡감각으로 돌린다.
- 동시에, 호흡에 호기심을 가진다. 호흡이 긴가, 또는 짧은가? 호흡을 표면에서 하고 있는가, 몸 깊은 곳에서 하고 있는가? 자동 조종 상태가 작동한 결과로 주의가 떠돌아다닐 수 있다. 이때 우리는 호흡 과정에 관심과 활력을 불어넣으며 우리 자신을 지지한다.
- 숨을 들이마실 때와 내쉴 때 나타나는 감각을 관찰한다.
- 때때로 어떻게 앉아 있는지 자세에 주의를 기울인다. 아마도 앞으로 굽어 있거나 어깨가 올라가 있을 수도 있다. 상체가 구부정해지거나 한쪽으로 기울어질 수 있다. 만약 그렇다면, 마음을 챙기며 자신의 위치를 바꿀 수 있다. 몸을 움직인다면 몸의 변화와 움직임에서 느껴지는 모든 감각을 알아차림으로써 마음챙김 연습을 한다. 요가에서 자세를 경험하는 방식과 비슷한 방식으로 움직인다면, 마음챙김 움직임이 된다.
- 그냥 호흡을 하고…… 그리고 그다음 호흡…… 그리고 그다음…….
- 연습을 끝내겠다고 결정하면, 고요히 앉아 잠시 시간을 갖는다. 그 후, 조금 스트레칭을 하고 관자놀이를 부드럽게 마사지하거나 어깨, 손 또는 발을 움직인다. 천천히 일어나서 잠시 동안 느긋하게 걷는다.

몸이라는 집에 존재하기

바디스캔으로 시작된 발견의 여정은, 요가와 함께 3회기에서도 계속된다. MBSR 과정의 3회기 주요 내용은 집에서 연습할 수 있는 일련의 부드러운 요가 동작을 배우는 것이다. 우리 연구소의 지도자인 카타리나 마인하르트(Katharina Meinhard)는 MBSR에서 요가의 역할을 다음과 같이 설명했다.

> 많은 사람은 자신의 몸과 몸의 가능성에 관해 왜곡된 이미지를 갖고 있다. 마음챙김 요가는 단순한 움직임과 자세를 통해서 이러한 오해를 깨닫도록 하며, 움직임이나 사고의 오래 지속된 패턴이 우리의 신체적, 정서적, 정신적 건강을 얼마나 해치는지 알도록 한다.
>
> 요가는 신체 자각과 힘, 유연성 및 조정력(coordination)을 증진시킨다. 몸과 호흡을 새롭게 경험할 수 있다. 요가를 통해 자신을 향한 친절한 태도와 초심자의 마음의 눈을 키우며, 자기수용과 인내와 신뢰를 길러 낸다.
>
> 우리는 먼 목표를 달성하기를 바라지 않는다. 우리는 현재에 있고, 유일무이하고, 완전하고, 온전한 존재이기 때문이다. 이 사실을 인정하고 인식하면 현재의 경이로움을 느낄 수 있으며, 통합과 전체성을 향해 한 걸음 더 나아갈 수 있다.[23]

자신에게 돌아오는 길

많은 사람이 바디스캔 초기나 요가 연습 중에 우리가 몸에 거의 머물러 있지 않다는 것을 발견한다. 대부분의 시간에 우리는 머릿속에 있다. 직장에서, 일상생활에서, 심지어는 평온한 순간에도, 마음은 생각, 계획, 기억, 또는 해결해야 할 문제로 바쁘다. 우리는 종종 질병으로 진단을 받거나 사고가 나거나 통증을 느낄 때와 같이 몸에 무슨 일이 일어나지 않는 한 머릿속에 머무른다. 갑자기 분노나 거부, 수치심 같은 강한 감정과 함께 신체 감각이 생겨난다.

다발성 경화증 진단을 받은 38세 여성 카린(Karin)은 첫 번째 모임에서 사람들에게 이렇게 말했다. "다발성 경화증을 앓고 있다는 것을 알았을 때, 제 몸에 너무나 화가 났어요. 일들을 더 이상 예전처럼 할 수 없었어요. 저는 서핑하는 것을 좋아하지만 보드에 올라설 힘이 없었어요. 너무 실망하고 좌절했죠." 카린의 말에 많은 사람이 동감했다. 그녀가 자신의 감정을 공유했을 뿐만 아니라, 그들이 그녀의 말 속에서 자신의 모습을 보았기 때문이다. 많은 사람이 아플 때 첫 번째 반응으로 마치 몸이 자신을 배신한 것처럼 느낀다. 이때 분노, 두려움, 좌절, 후회, 수많은 불안한 감정을 경험할 수 있다. 때로는 상실감이 너무 커서 어떤 말도 위로가 되지 않는다.

카린은 그녀의 이야기를 계속했다.

저는 저 자신을 받아들이기 위해 MBSR 수업에 등록했어요. 다시는 서핑을 할 수 없다는 것을 알았고, 더 힘든 것은 저에 대한 부정적이고 비판적인 생각들이었어요.

　하지만 가끔씩, 그 모든 가혹한 상황 속에서, 이렇게 말하는 부드러운 목소리를 들었어요. "이봐, 카린! 너는 바다에 있는 것을 좋아하잖아. 그게 기쁨이 되도록 해 봐."

　건강 상태가 어떠하든 간에 우리는 매 순간 살아 숨 쉬고 평생을 살아간다. 여기에 대단한 사실이 있다. 살아 있다는 것은 겨우내 잠든 씨앗을 봄에 싹트게 하는 에너지를 품고 있다는 것이다.

　병에 걸리거나 과도한 일로 몸에 무리가 되는 상황이 발생하면, 살면서 예전에 하던 활동을 더 이상 하지 못할 수 있다. 그럼에도 불구하고 삶은 매 순간 우리에게 여전히 이렇게 외치고 있다. "여기 있어요? 현재에 있나요?" 또 다른 질문이 부드럽게 속삭인다. "현재 상황이 삶의 마지막이 아니라 새로운 국면의 시작이라는 가능성을 기꺼이 받아들이겠습니까?" 그렇게 한다면, 마음챙김 수련은 현재의 삶을 살 수 있도록, 과거의 삶을 놓는 것을 도와줄 수 있다.

요가: 한계에 대한 마음챙김

　요가를 수련하면서 동작에 동반되는 신체 경험과 그에 대한 자신의 반응을 탐구하다 보면, 종종 '한계를 마주침'이라는 주제가 떠오른다. 일반적으로 많은 사람은 끊임없이 한계를 넘어서거나, 넘기를 주저하거나 둘 중 하나이기 때문에 그들의 한계를 깨닫지 못한다. 때로는 움직임이 어렵다고 느끼고 뒷걸음질한다. 또 다른 때

에는 현재 우리에게 적절한 것 이상으로 더 멀리, 더 멀리 늘리도록
자신을 밀어붙인다. 때로는 너무 지나치게 노력해서 몸과의 접촉
을 완전히 잃기도 한다.

한계(boundary)라는 단어는 종종 부정적으로 제한이나 금지를
의미한다. 한계를 해결하기 위한 일반적인 조언은 '돌파하라' 또는
'넘어서라'이다. 하지만 한계를 존중하지 않으면, 자신에게 좋은 수
준을 넘어서 지나치게 강요하는 결과를 초래할 수 있다.

반면에, 한계에 대한 **알아차림**(becoming aware of)은 앉아서 주의
를 기울이라는 권유이다. 한계는 자신을 돌보도록 우리를 초대한
다. 한계는 우리에게 가까이 들여다보며 주의 깊고 부드럽게 탐구
하라고 요구하는 새로운 수준의 감수성을 열어 준다. 몸과 조화를
이루면 우리 자신과 조화를 이룰 수 있고, 이것은 '무엇이 나를 성
장시키는가?'라고 묻게 한다.

마음챙김 수련에서 한계는 이동하고 변할 수 있다는 것을 알게
된다. 한계를 돌파하는 대신 탐구할 수 있다.

이 과정 후반에 카린은 그녀가 자신을 대하는 태도가 달라졌다
고 많은 이야기를 했다.

> 지난주에 저는 서핑보드에 다시 올라가려고 노력했어요. 남편
> 은 제가 몸부림치는 모습을 지켜보았고, 저는 그의 눈에 제 고통
> 이 비쳐 드는 것을 볼 수 있었어요. 적어도 여섯 번은 시도했는데,
> 그 후에 지쳐 버렸어요. 저는 포기하고 아주 오랫동안 등을 대고
> 떠 있었어요. 마치 바다가 가져가 버린 것처럼 모든 긴장이 다 사
> 라졌어요. 정말 평화롭다고 느꼈어요.

갑자기, 여전히 서핑을 할 수 있다는 것을 깨달았어요. 보드 위에 타고 있지는 않지만 보드 옆에서 말이죠. 전에 한 번도 느껴 보지 못한 방식으로 바다를 느꼈어요. …… 약간 진부하게 들릴지 모르지만, 전에는 제가 파도에 올라탔어요. 이제는 제가 파도 그 자체예요.

요가: 우리 자신을 이해하기

우리는 바디스캔에서 했던 것과 같은 방법으로 요가에서도 감각 알아차림을 수련한다. 감각과, 층층이 나뉘는 감각의 강도를 탐구하면서, 우리는 감각이 서로 다른 특성들로 구성되어 있음을 알 수 있다.

감각에는 가벼움, 무거움, 따뜻함, 차가움, 간지러움 또는 따끔거림 등의 특성이 있다. 우리가 알아차리는 감각은 매일매일, 심지어 매시간, 매 호흡마다 달라질 수 있다. 우리는 근육 긴장의 이완이나 가벼움, 또는 더 확고한 지면과의 연결감을 경험할 수 있다. 우리는 또한 조이는 느낌이나 타는 느낌, 또는 맥박이 뛰는 느낌을 경험할 수도 있는데, 어떤 것은 유쾌하고, 어떤 것은 불쾌할 것이다. 그리고 이것 역시 매 순간 변할 수 있다.

요가 수업에 오기 전 만성 통증 병력이 있었다면, 전에 겪었던 방식과는 다르게 통증을 알게 될 것이다. 그렇다고 해서 반드시 통증을 더 많이 느낀다는 뜻은 아니다. 단지 더 잘 알게 된다는 것이다. 처음에는 실망스럽거나 혼란에 빠질 수도 있는데, 특히 통증으로 인한 불편함을 없애기로 결심했다면 더욱 그렇다. 하지만 마음챙김 연습이 계속되면서, 결과를 내려놓고 매 순간 조용히 '이것은 무엇인가? 그리고 이것은? 그리고 이것은?'이라고 묻고 있는 것을 깨닫게 될 것이다.

MBSR 요가 수련을 위한 도움말

요가 수련은 무언가를 성취하거나 동작을 실행하는 방법에만 관심이 있는 것이 아니다. 마음챙김 요가 수련은 우리 자신과 우리가 이 순간 무엇을 경험하고 있는지 자각하는 것과 관련이 있다. 우리가 마음챙김을 하는 데에 도움이 되는 질문으로는 '지금 무슨 일이 일어나고 있는가?' '어떤 감각을 느끼고 있는가?' '무엇을 알아차렸나?' 등이 있다.

감각들이 강해지는지 약해지는지 알아차리면서 우리가 느끼는 감각을 알아차리는 훈련을 한다. 또한 감각에 대한 우리의 반응을 관찰한다. 예를 들어, 자신을 관찰할 때, 안정감과 평온함을 느끼는가? 불안함을 알아차리고 생각이 여기저기 쏜살같이 움직이는가? 일어나는 모든 일을 알아차리도록 노력한다. 그러나 어떤 것도 변화시키려고 하거나 덧붙이거나 없애려고 하지 않는다. 하지만 어쨌든 그렇게 시도하는 자신을 알아차릴지도 모른다. 최선을 다해서, 수련할 때 매 순간 현재와 함께 있는 것에 주의를 기울인다.

요가 수련을 할 때, 수련하는 그날에 무엇이 가능한지를 존중하는 것이 중요하다. 요가를 하는 것이 자신에게 좋지 않거나 그날 하는 것이 불가능하다고 느낀다면 하지 않는 것이 자신을 돌보는 방법이다. 밀어붙이는 것은 정반대되는 자세이다. 요가를 하지 않기로 결심했다면 편안한 자세로 눈을 감고 가능한 한 마음의 눈으로 처음부터 끝까지 동작을 한다. 또한 동작을 수정하고, 가능한 것 내에서 할 수 있는 선택권을 갖는다. 지도자는 여러분과 함께 기쁘게 대안을 탐구할 것이다.

요가가 한계를 탐구한다는 개념을 논의했지만, 정확히 어떻게 이것을 수행하는가? 예를 들어, 한 자세에서 스트레칭을 할 때, 이제 그만 끝내야겠다고 생각하고 있음을 알아차릴지도 모른다. 어떤 불편한 감각이 나타나기도 전에 멈추는 것을 알 수도 있다. 또한 좀 더 유지할 수 있는데도 그만하는 순간을 알아차릴지도 모른다. 다른 한편으로, 더 나아가야 할 필요성을 느끼고, 그렇게 하기 위한 노력의 일환으로 몸에 도움이 되거나 건강한 정도를 넘어서 자신을 밀어붙이고 있는 것을 알 수도 있다. 자신을 돌보려는 의도를 가지고, 일어나는 충동대로 따르지 않는 것이 가능한지 살핀다. 그러고 나서, 요가 자세로 주의를 돌려 계속한다.

요가 수련을 통해 우리의 몸과 마음에 대해 많이 배울 수 있고, 여기서 얻은 교훈을 마음챙김 삶에 적용할 수 있다. 너무 많이 하는 것과 너무 적게 하는 것 사이의 공간을 발견하면 딱 알맞게 하는 방법을 찾을 수 있다. 우리는 '나에게 가장 좋은 방법은 무엇인가?'라고 묻는 지혜를 신뢰하는 법을 배운다.

통증을 포함해서, 감각에 대한 관계 알아차리기

통증에 대해 자주 나타나는 반응 중 한 가지는 저항이며, 종종 어떤 것에 대한 기대나 반응으로 신체는 긴장하여 꽉 조여진다. 우리는 정신적으로도 긴장하거나 산만해질 수 있다.

어떤 감각을 느꼈는지 설명해 달라고 하면, '좋다' '좋지 않다' 아니면 '관심 없다'와 같이 감정적 반응을 말하는 경향이 있다. 같은 상황이라도 다양한 반응이 있을 수 있다. 운동선수에게 운동 후 근육통은 익숙한 것이다. 또한 그들은 스트레칭이 적절하게 유연성을 높이고 수행능력을 향상시킬 것을 안다. 만성 통증 상태에 있는 사람들에게는 근육이 단단해지거나 통증을 경험하는 것은 상태가 악화되는 신호일 수 있고, 통증이 악화될 수 있기 때문에 스트레칭을 두려워할 수 있다.

어떤 감각을 가능한 한 객관적으로 묘사하는 것과 그것에 감정적으로 반응하는 것의 차이를 알면 어떤 점이 좋을까? 내(페트라)가 MBSR 수업에서 이 질문을 하면 일부 참가자는 나를 회의적으로 본다. 어떤 사람들은 강력하게 "통증은 통증입니다!"라고 말한다. 또 다른 사람들은 "통증을 받아들여야 한다고 말하는 것 같은데, 없애고 싶은 게 자연스럽지 않은가요?"라고 말한다.

수업이 진행됨에 따라 참가자들은 많은 사람이 발견한 것을 스스로 확인한다. 즉, 불편함이 끝나리라고 보장할 수는 없지만, 그에 대한 관계는 바꿀 수 있다는 것이다. 그 변화는 희생자 역할을 그만두고 적극적인 증인으로 사는 것을 포함한다.

수많은 만성 통증 환자와 연구를 해 온 미국 명상 지도자 신첸 영(Shinzen Young)은 통증과 저항의 관계를 다음과 같이 설명한다.

> 예를 들어, 명상할 때 무릎이 불편할 수 있다. 동시에 통증에 반응하여 몸의 다른 부분에 힘을 주고 있거나 다른 부분을 조이고 있는 동안, 마음에서는 통증을 혐오하는 생각과 판단의 흐름이 쏟아져 나오는 것을 관찰할 수 있다.
>
> 무릎에서 느끼는 감각은 통증이다. 긴장은 신체적 저항에서 나오고, 판단은 정신적 저항에서 나온다. 의식적으로 긴장을 풀고 판단하기를 멈추면, 통증의 정도는 같을지라도 문젯거리는 덜 되는 것처럼 보인다. ······ 여러분은 능숙하게 통증을 경험하는 법을 배우는 첫걸음을 내딛고 있다.[24]

있는 그대로, 괜찮다

탁월함을 추구하는 데 익숙한 사람은 '있는 그대로, 괜찮다'라는 말은 고려하지 않는다. 그들은 잠깐이라도 이 말을 즐길 수 있는 선택을 하지 않는다. 그 말은 마치 사물을 있는 그대로 수동적으로 받아들이는 것처럼 들린다. 그들의 행동 방식은 각 상황을 마치 이를 악물고 극복해야 하는 도전거리로 본다.

요가는 이런 행동 방식이 이른바 자기격려라는 탈을 쓴, 자기판단임을 인식할 수 있는 수련 분야이다. 우리는 자신의 가치가 요가 동작의 성공 여부와 무관하다는 것을 배울 수 있다. 삶에서와 마찬가지로 요가에서 그 순간 알게 된 진실을 인정하면 마음이 넓게 열린다. 만약 어느 날 아침, 몸이 뻣뻣하게 느껴지는데 한계선을 넘도록 밀어붙이지 않고 휴식을 취한다면, 우리 안에서, 말로는 아니지만 우리 몸속에 부드럽고 편안하게 자리 잡은 감사하는 마음이 따뜻하게 일어날 것이다.

요가와 바디스캔 모두에서 우리의 몸은 끊임없이 변화하는 복잡한 감각기관이라는 것을 인식하게 된다. 우리 몸을 포함하여 모든 것이 영원하지 않다는 것을 알게 될 때, 연약한 유기체인 우리 자신에 대한 친절을 경험할 수 있다. 마음챙김을 통해 변화는 장애물이 아니라 잠재력의 지표임을 알 수 있다. 이것은 통증이 있음에도 불구하고 통증과 함께 충만한 삶을 살 수 있도록 한다.

MBSR 수업의 많은 참가자는 어려움과 통증을 없애려고 애쓰거나 이것들을 바꾸지 않고도 살 수 있음을 알게 된다. 어려움이나 통

중에 대항하는 싸움은 자기수용력이 커지면서 줄어든다. 한때 요
가를 할 수 없다고 느꼈던 사람들은 자신들이 상상했던 것보다 더
잘 할 수 있다는 것을 알게 된다. 유리잔은 더 이상 반이나 빈 것이
아니라 반이나 차 있고, 때로는 넘치기 직전이다.

　마음챙김 수련으로 우리는 완벽이라는 감옥에서 나와, 불완전하지
만 멋진 몸과 삶에서 찾을 수 있는 부드러운 아름다움을 향해 간다.

스트레스란 무엇인가

MBSR 프로그램의 4회기는 보통 안내가 있는 앉기 명상으로 시작된다. 우리는 어려운 상황을 다루고 삶에서 겪는 스트레스에 보다 효과적으로 대처하는 데 마음챙김 훈련이 어떻게 도움이 될지 보다 깊이 숙고하는데, 이것은 또한 이 시간의 주제이기도 하다.

우리는 연습을 통해 호흡에 주의를 두는 능력이 강화되는 것을 알 수 있다. 이렇게 되기란 결코 말처럼 쉽지 않다. 일상적인 명상 수련을 하면서 호흡에 주의를 두기가 얼마나 어려운지 곧 알게 된다. 연습을 할 때, 우리는 다리가 아프면 어쩌나 걱정할 수도 있고, 추억이나 계획, 희망 또는 두려움으로 생각이 가득 찰 수도 있다. 종종 이런 잡념들이 우리의 주의를 사로잡아, 우리는 한참 후에야 호흡과의 접촉을 놓친 것을 알아차린다. 결심을 하고 낙관적으로 다시 시작하지만, 잠시 후면 또다시 생각이 표류한다는 사실을 알아차리게 될 뿐이다. 우리가 이렇게 묻는 것은 당연할 것이다. '실제로 누가 여기 책임을 지고 있는가?'

우리가 마음챙김 수련을 시작하는 순간부터, 집중이나 알아차림도 하지 못하는 상태로 쉽게 빠진다는 것이 분명해진다. 마치 어린 아이가 장난감을 달라고 해 놓고 금방 싫증을 내고 새로운 것을 달라고 하듯이, 우리의 마음은 하나의 생각에서 다른 생각으로 쉽게 옮겨 간다. 규칙적인 마음챙김 연습을 통해 우리는 불안한 마음을 훈련하고 진정시킬 수 있다는 것을 깨닫기 시작한다.

명상 수련 참가자들은 지도자로부터 도움과 지도를 받을 뿐만 아니라 참가자끼리 서로 경험을 나누면서 도움을 받는다. 그렇지 않으면 다음과 같은 생각이 들어 낙담을 하게 된다. '명상은 나한테 효과가 없다.' 또는 '나는 이것을 못할 것 같다. 나는 계속 산만하고 점점 더 불안해지고 있다.'

　우리는 이 시점에서 불안한 마음을 관찰하고 인정하는 것이 마음챙김 여행의 일부라는 것을 인내심을 가지고 받아들일 필요가 있다. 생각이 방황하고 그 경험을 관찰하는 것은, 알아차림 대상에 고요히 머무르는 것처럼 마음챙김 명상의 일부이다. 시간이 지나면서, 마음챙김 수련을 하면 할수록, 우리의 생각이 느려지는 경향이 있다는 것을 알 수 있다. 특히 마구잡이로 달리는 생각이라는 열차가 더 이상 우리에게 큰 걸림돌이 되지 않는다는 것을 알게 될 수도 있다. 우리는 '아, 생각이 일어나는군. 하지만 그 생각을 따라갈 필요는 없어. 지금 할 일은 계속해서 호흡에 주의를 두는 일이야.' 하며 더 일찍 알아차리게 된다.

　또 다른 참가자는 이렇게 말했다. "내 마음이 불안해지고, 내 생각이 이랬다저랬다 하는 것을 보면, 그들에게 친절하게 이렇게 말합니다. '너희들이 어디든 가고 싶은 데로 가도 좋지만, 난 여기 그대로 있을 거야.'"

몸과 호흡

　마음챙김 호흡을 통해 우리 몸이 주변 세상과 어떻게 관계되어 있는지 더욱 잘 인식할 수 있다. 그러므로 호흡을 마음챙김하는 능력이 발달하면, 신체 마음챙김으로 알아차림을 돌릴 수 있다. 먼저, 우리는 몸을 하나의 전체로 알아차리고, 그런 다음 신체 감각에 주의를 기울여 알아차린다. 우리는 감각을 최대한 판단 없이 인식하고, 감각이 스스로를 드러내는 그대로 관찰한다. 동시에 몸의 감각을 알아차릴 때, 그 감각이 유쾌하거나 불쾌하거나 중립적인지에 상관없이, 즉시 반응하지 않는 법을 배운다. 나중에 이 책의 뒷부분에서 이와 같은 행동이 어떻게 스트레스 완화에 도움이 되는지 보여 줄 것이다.

마음챙김 연습: 호흡, 신체, 감각 알아차리기

- 늘 그렇듯이, 천천히 똑바르고 편안한 자세를 취하고, 앉아 있는 자세를 알아차리면서 수련을 시작한다. 다음으로 호흡을 가장 명확하게 느낄 수 있는 신체 부위에 의식을 모은다. 이는 코끝, 흉부, 복부, 또는 신체의 다른 부위일 수 있다. 앞서 배운 대로 마음챙김 호흡을 연습한다.
- 생각 속에서 방황하는 일은 종종 일어날 수 있다. 방황했음을 깨달을 때마다 가능한 한 침착하게 인내심을 가지고, 부드럽게 호흡으로 다시 주의를 돌린다.
- 때로는 특정한 것에 대한 기대 혹은 유쾌한 경험을 하고자 하는 바람이나 불쾌한 것을 제거할 수 있는 능력과 같은 구체적인 것에 대한 욕망이 존재할 것이다. 이런 일이 일어난다면, 그것에 휘말리지 않고 기대 자체를 관찰할 수 있는지 살펴본다. 이러한 기대가 몸과 마음을 긴장하게 한다는 것을 알 수도 있다. 그럴 때에는 기대 자체를 놓아두고 어떤 식으로든 개입하지 않고 계속 앉아서 무엇이 일어나는지 관찰하는 것이 가능한지 살펴보아야 한다.

- 다음으로, 준비가 되면 몸 전체를 포함하도록 주의를 확장시킨다. 아마도 몸 전체의 형태와 몸이 차지하는 공간을 감지할 것이다. 어쩌면 몸의 경계로서 피부를 감지할 수도 있다. 압력이나 따끔거림, 긴장, 가려움과 같은 몸의 감각을 알아차릴 수 있다. 할 수 있는 한, 감각이 느껴지는 동안 의식이 이러한 감각들에 가볍게 집중되도록 한다. 그리고 나서, 느껴지는 강도가 줄어들면, 의식을 바로 지금 이 순간 앉아 있는 몸 전체로 돌린다.
- 어떤 방식으로 감각을 느껴야 한다거나 일부러 느끼려고 찾을 필요는 없다. 가능한 최선을 다해 몸에 대한 알아차림을 유지하며 무엇이 일어나는지 순간순간 살펴본다.
- 명상이 점차 끝나 가면, 주의를 호흡으로 되돌려 와서, 한 호흡, 그리고 다음 호흡, 숨이 들어오고 나가는 것을 알아차린다. 준비가 되면 언제든지 자신의 방식으로 명상을 끝낸다.

4회기의 분위기는 이중적일 수 있다. 참가자들은 일상 활동 속에서 마음챙김이 확립되면서 한 번에 한 가지에 집중할 수 있는 능력이 향상되었다는 것을 알아차린다. 그러나 어떤 사람들은 불쾌한 감각, 통증, 문제 및 스트레스 신호를 이전보다 더 많이 의식하게 되었다는 것을 안다.

앞서 언급했듯이 마음챙김을 실천함으로써 이전에 의식하지 못했거나 덜 의식했던 것들을 더 잘 인식하게 된다. 여기에는 유쾌하고, 즐겁고, 만족스러운 사건뿐만 아니라 개인적으로 불리하거나 어려운 상황 및 고통스러운 감각이 포함된다.

마음챙김이 스트레스에 능숙하게 대처하는 데 도움이 되려면 알아차림을 더 많이 개발하는 것이 핵심이다. 스트레스 완화를 위한 변화를 이끌어 내기 위해서는, 먼저 무슨 일이 일어나고 있는지 알아야 한다. 만약 이를 안다면, 무엇이 변화되어야 하고, 그것이 이루어지기 위해 무엇이 필요한지 더 잘 탐구할 수 있다.

만약 병이 들어 병원에 가게 된다면, 검사를 통해 의사의 진단을 받을 것이다. 그 진단에 따라 의사는 우리에게 필요한 치료를 추천할 것이다. 의사는 그 병을 무시하라는 충고는 절대로 하지 않을 것이다. 마찬가지로 스트레스의 근원을 탐구하는 것도 중요하며, 스트레스가 우리의 삶과 건강에 어떤 영향을 미치는지를 정확하게 파악하는 것도 중요하다. 처음에는 익숙하지 않고 불편할 수밖에 없다. 왜냐하면 우리는 불쾌한 경험과 감각을 정면으로 마주치기보다는 피하는 경향이 있기 때문이다.

3장에서 살펴본 스트레스에 대한 논의들을 떠올려 보면 도움이 될 것이다. 스트레스를 받을 때, '투쟁 도피 반응'이 자동적으로 촉발된다. 즉, 스트레스의 원인과 그로 인한 감정을 피하거나 제거하거나 무효화하려고 노력한다는 뜻이다. 우리는 자신이 동요하고 불안해하며 혼란스럽다는 것을 느끼지만, 어떤 일이 일어나든 개입하지 않고 그대로 머무르기가 어렵다는 것을 알게 된다. 과거에는 다른 사람을 비난하거나 멋대로 약을 먹는 등(self-medication) 특정 행동에 빠짐으로써 이러한 감정을 덜 느끼려고 노력했을 수 있다. 하지만 우리는 내면에서 느끼는 것을 마음챙김하며 현재에 머무르는 것에는 익숙하지 않다. 비록 길게 보았을 때, 이것이 맞서 싸우거나 우리 자신의 일부를 억압하는 것보다 훨씬 더 도움이 되겠지만, 우리는 이런 접근 방식과 함께하지 않는다.

문제를 해결하고 불쾌함을 없애야 한다는 내부의 압력은 매우 강력하다. 네 번째 장에서는 이것을 좀 더 자세히 살펴본다. 그렇게 함으로써 우리의 문제를 인정하고, 감정이나 생각이 일어나는 것에 맹목적으로 반응하거나 부정하기보다 그것들과 함께하는 것이 왜 도움이 되는지 분명해진다. 우리가 불쾌한 경험을 부인할 때, 회피하는 패턴은 대부분 무의식적인 두려움을 만들어 낸다. 이 두려움은 그 자체로 스트레스를 유발한다. 따라서 불쾌한 경험을 부인하면, 결국 신체에 내재된 만성 스트레스가 발생한다. 마음챙김은 우리가 어떻게 불쾌함을 바라보고 함께할 수 있는지를 배우는 것이다.

많은 참여자에게 4회기는 전환점이다. 그들은 마음챙김이 무엇인지, 자동 조종 방식을 중단하는 것이 왜 도움이 되는지 더 깊이 이해하기 시작한다. 또한 MBSR은 스트레스를 없애기 위한 신속한 해결책이 아니라 처음부터 삶과 관련된 방식을 바꾸어 스트레스 경험을 줄이는 길이라는 것이 더욱 분명해진다.

세상에 낮과 밤이 공존하듯이, 스트레스가 우리 삶의 일부분이라는 것은 바꿀 수가 없다. 변화시킬 수 있는 것은 우리가 경험과 관계 맺는 방법과 스트레스에 대처하는 방법이다. 그것이 나머지 시간에 중점적으로 할 것들이다. 모든 참가자는 '스트레스 상황과 관련해서 어떻게 그 상황에 능숙하게 대처하고 휘둘리지 않을 수 있을까?'라는 근본적인 질문에 대한 자신의 답을 구할 것이다.

이 시점에서 지도자는 스트레스와 관련된 다양한 이론과 스트레스가 우리 건강에 어떤 영향을 끼치는지에 대해 간단하게 설명할 것이다(3장 참조). 이러한 맥락에서 개인적인 스트레스 유발 요인을 파악하고 스트레스의 징후를 알아내는 것이 중요하다. 우리는 이것을 스트레스 굴레 속에 빠지기 전에 이러한 스트레스 초기 경고 신호를 인식하는 것을 배우는 것으로 시작한다. 바디스캔과 마음챙김 요가는 감각을 알아차리는 데 도움을 주기 때문에 이런 점에서 중요한 도구이다. 신체적 감각변화는 스트레스의 경고 조짐이 될 수 있다. 이러한 감각변화는 스트레스 증상으로 평소보다 더 피곤한 느낌, 근육 긴장, 소화불량, 두통, 목 또는 등 통증 등의 증상을 포함할 수 있다. 이러한 신체적 스트레스 신호는 사람마다 매우 다르다. 그러나 중요한 것은 마음챙김 수련으로 스트레스 유발 요인과 스트레스 반응을 쉽게 인지할 수 있으며, 유발 요인과 반응의 초기 징후를 더 잘 알 수 있다는 것이다.

마음챙김 훈련을 하고 몸, 생각, 그리고 감정에 대한 알아차림을 강화함으로써 어떤 상황이 스트레스를 유발하는지 잘 알 수 있다. 이런 식으로 또한 우리의 습관적인 대처와 평가 전략에 대해서도 더 잘 알아차리게 된다. '마음챙김 멈춤'을 발달시키면 우리가 알아차림을 더 많이 개발하는 데 도움이 된다. 잠시 멈춘다면, 우리는 외면하는(turn away) 대신 직면하는(turn toward) 능력을 키울 수 있다. 결국 스트레스 상황과 개인적 스트레스 반응의 모든 측면에 대한 이러한 민감성은 스트레스에 대처하는 새로운 방식으로 이어질 수 있다. 그 결과는 더 이상 자동 반응이나 회피 방법이 아니다. 또 다른 창의적인 해결책은 그 순간 마음챙김하며 멈추고 우리가 어떤 상태인지 (감정적으로, 인지적으로, 신체적으로) 알아차리는 것에서 비롯될 수 있다. 궁극적으로 이것은 신체적으로나 정서적으로 더 건강한 방식으로 생각하고 느끼고 행동할 수 있게 한다.

4회기에는 판단 없이 관찰하고 알아차리는 능력을 계속 개발한다. 5회기에는 무의식적인 판단과 스트레스를 유발하는 생각과 관런하여 어떻게 마음챙김을 해야 하는지 살펴볼 것이다. 5회기를 위해서 집에서 준비하려면, 개인적인 스트레스 유발 요인과 스트레스 반응을 아무런 변화 없이 주의 깊게 관찰한다. 쉬운 일은 아니지만 확실히 가치 있는 일이다.

스트레스: 자동 반응과 마음챙김 대응

무엇을 경험하는지가 아니라, 경험을 어떻게 인지하는지가 우리의 운명
을 결정한다.

-마리 폰 에브너 에셴바흐(Marie von Ebner-Eschenbach)

5회기에는 보통 앉기 명상을 더 오래 하면서 수업이 시작된다.
평소처럼 편안한 자세로 바르게 앉아 호흡으로 주의를 돌리는 것
으로 시작한다. 그런 후 명상을 하는 동안, 매 순간 일어나는 모든
신체적 감각을 알아차리며 우리 몸 전체를 에워싸듯 알아차림을
확장시킨다. 다음 단계로, 청각에 주의를 기울인다(154쪽 참조).

마음챙김 듣기만 따로 수련할 때는, 알아차림 자각을 호흡으로
되돌리고 일상 활동을 시작하기 전에 잠시 고요하게 쉬면서 명상
을 끝낼 수 있다. 그러나 5회기에서는 마음챙김 듣기에서 멈추지
않고, 이어서 생각의 흐름과 감정을 알아차린다. 소리가 오고 가듯
이, 생각과 감정 또한 그렇다. 나타나고 잠시 머물다 사라진다.

앉기 명상에서 우리는 생각과 감정을 바꾸거나 판단하거나 동일
시하지 않고, 의도를 가지고 관찰하는 훈련을 한다. 그 생각들은 무
엇이든지 될 수 있다. 과거, 현재, 또는 미래에 관한 것일 수도 있고,
계획이나 기억, 아이디어나 소망일 수도 있다. 즐겁거나, 불쾌하거
나, 중립적일 수도 있다. 그것이 어떤 것이든 최선을 다해서 단순한
정신적 활동으로서 관찰한다. 명상을 계속함에 따라 생각과 감정에
대한 마음챙김은 뒤로 물러나고, 우리는 잠시 '선택 없는 알아차림
(choiceless awareness)'에 머문다('선택 없는 알아차림' 글상자 참조).

마음챙김 연습: 마음챙김 듣기

- 편안하고 바른 자세로 앉는다. 자세가 안정되었다고 느껴지면, 청각을 알아
  차린다. 현재 존재하는 모든 소리를 자연스럽게 들어 본다.
- 특별히 어떤 소리를 들으려고 애쓰지 않는다. 할 수 있는 한 이름을 붙이거
  나 평가하지 말고 들리는 소리를 받아들인다. 그 소리는 몸 안이나 방 안,
  또는 바깥에서 나는 소음일 수 있다.
- 듣고 있는 소리를 구분 혹은 평가하거나 소리를 들으며 어떤 연관된 것을
  떠올릴 수 있는데, 이것은 지극히 정상적이다. 이러한 반응들이 무엇인지,
  생각, 추억, 연상, 이미지와 같이 구체적으로 알아차린다. 그런 다음, 단지
  듣기로 되돌아온다. 그 소리를 좋다 싫다 판단하지 않고 듣는 것이 가능한
  지 탐구한다. 또한 소리 사이의 공간도 탐색해 본다.
- 한 순간에서 다음 순간으로, 할 수 있는 만큼 듣는 감각을 경험하는 데 자
  신을 맡긴다. 이런 식으로 몇 분간 연습한다.
- 원한다면, 여기서 마음챙김 듣기 연습을 마치고 호흡이나 앉아 있는 몸의
  감각 알아차림을 할 수도 있다. 또는 '선택 없는 알아차림'에 대한 다음 명
  상을 계속해도 좋다.

마음챙김 연습: 선택 없는 알아차림

선택 없는 알아차림을 할 때는, 특별히 어느 것에 집중하지 않고 일어나는 것
은 무엇이든 관찰한다. 소리, 생각, 감정, 감각, 호흡 등 다양한 현상이 순간순간
일어날 때 알아차리는 것을 수련한다.

- 호흡을 감지할 때는 그 호흡을 경험한다.
- 감각을 느낄 때는 그 감각을 알아차린다.
- 소리가 들릴 때는 그저 듣는다.
- 생각이나 감정이 떠오를 때는 그저 그것들이 거기에 있음을 알아차린다.

시작해 보자.

- 앉아서 이러한 현상들이 일어나고 사라져 가는 것을 지켜본다. 거기에 집착하거나 거리를 두려 하지 않는다. 그렇게 함으로써 이 알아차림의 모든 대상을 포함하는 삶의 흐름을 매 순간 목격하고 있는 것이다.
- 때로는 생각, 감정, 소리, 감각에 사로잡힐 수 있다. 그것에 대해 생각하거나 어떤 방식으로 영향을 미치려고 노력하는 자신을 발견할 수도 있다. 이것을 알게 되면, 알아차림이 한곳에 고정되어 있음을 인정하고, 알아차림을 넓혀서 현재 순간을 충만하게 받아들인다. 확장된 그 공간은 무엇 하나 더 우월할 것 없이 모든 것이 오고 가는 곳이다.
- 명상을 마치려면, 호흡 알아차림으로 되돌아온다. 원한다면 일상생활에서 선택 없는 알아차림 연습이 가능하다는 것을 떠올린다. 펼쳐지는 순간에 무엇이 존재하든지 그것과 함께하는 것이다.

선택 없는 알아차림

선택 없는 알아차림이란 정확히 무엇인가? 우리가 스트레스에 대처하는 데 이 수련이 어떤 도움을 줄까?

선택 없는 알아차림을 통해 우리는 특별히 무엇을 기대하거나 선호하지 않고 존재하는 모든 것을 인정한다. 그저 감정, 생각, 신체적 감각, 정신적 이미지들이 오고 가는 흐름을 관찰할 뿐이다. 알아차림은 바꾸려고 시도하지 않고 잡고 있는 것이 무엇이든 그것을 반영하는 거울의 역할을 한다. 이런 방식으로 우리는 스트레스를 느끼는 순간에도 차분함을 유지하고 어떤 일이 일어나든지 직면할 수 있는 사고방식을 길러 낸다. 심지어 두려움—'내가 이것을

어떻게 견뎌 나가지?'라는 느낌―마저도 인생 경험의 또 다른 측면
(사실, 그것은 하나의 생각이다)으로 여길 수 있다. 이렇게 우리는 힘
든 상황에 직면해서 마음챙김 현존을 강화하기 시작한다.

새로운 방식으로 생각 바라보기

> 중요한 것은 당신에게 일어나는 일이 아니라 그것에 어떻게 반응하는가
> 하는 것이다.
>
> ―에픽테토스(Epictetus)

5회기 처음에 앉기 명상을 한 후 참가자들은 그들의 경험을 나눈
다. 참가자들은 특히 생각의 내용에 사로잡히지 않고 어떻게 생각
의 과정을 관찰할 수 있는지 질문한다. 흥미롭게도 많은 참가자는
명상 중에 생각을 관찰하면 그 생각들이 사라져 버리는 것 같다고
보고한다.

브리타(Britta)의 경험을 예로 들어 보면, 그녀는 "놀라웠어요. 보
통 나는 하루 종일 그냥 생각하고, 생각하고, 생각하며 보내요. 나
는 이런 끊임없는 정신적 재잘거림에 완전히 지쳤어요. 그것이 좋
지 않다는 걸 알면서도 그만둘 수가 없어요. 그런데 지금 명상하는
동안 걱정거리를 분석하려고 하니까 그게 갑자기 사라져 버렸어
요. 이게 어떻게 가능할까요?"라고 말했다.

생각이 사라진 것을 어떻게 알았는지 묻자, 브리타는 이렇게 대답
했다. "보통 생각이 그렇게 많았는데 그냥 어떤 생각도 없었어요."

지도자가 그녀에게 생각이 없다는 것을 어떻게 알았는지 물었을 때 브리타는 "잘 모르겠어요. 그저 그것을 알아차렸어요."라고 했다.

지도자가 질문을 계속했다. "브리타, 처음에는 생각하다 일종의 멈춤이 있다가, '아, 걱정거리가 멈추었네?'라는 생각이 떠오른 건가요?"

"바로 그거예요."

그러자 지도자가 다시 "'생각이 없다'는 생각 자체가 생각이라는 것을 분명히 알고 있었나요?"라고 물었다.

브리타는 잠시 혼란스러워 보이다가 말을 이었다. "아니요, 분명히 알지 못했어요. 하지만 돌이켜 보니, 확실히 알겠어요. 교묘하네요. 그 순간에는 정말 알아차리지 못했거든요."

브리타가 말한 교묘하다는 것은 무슨 의미였을까? 그녀의 경험은 사실 생각의 힘이 얼마나 정교한지, 그 속에 우리가 얼마나 얽혀 있는지를 보여 준다. 만약 우리의 마음이 단 몇 초간이라도 정말로 비어 있는 상태가 된다면, 분명히 생각이 없다는 것을 의식하게 되고, 거기서 다시 생각 모드로 돌아간다.

명상은 흔히 오해하는 것처럼 마음속에 있는 생각을 지우는 것이 아니라, 그것이 무엇인지 알고 난 다음 놓아 주는 것이다. 이는 결국 '나는 나의 생각이 아니다. 나는 생각을 하고 있다.'라는 깨달음으로 이어진다.

MBSR 과정을 듣는 많은 사람은 이것이 전체 프로그램에서 가장 중요하고 가치 있는 통찰이라고 한다. 이것에 대한 이해의 힘은 그것이 선택의 가능성을 열어 준다는 사실에 있다. 다시 말해서, 우리는 우리가 믿고 싶은 생각과 그렇지 않은 생각을 결정할 수 있다는 것이다. 또한 다양한 생각이 우리에게 미치는 영향과, 마음챙김이 우리가 생각과 맺는 관계를 어떻게 변화시키는지 알 수 있다.

클라우스(Klaus)는 이와 관련하여 중요한 점을 이해했다. 그는 되풀이되는 감정 기복으로 힘들었고, 특히 떨쳐 내기 힘든 부정적인 생각을 다루는 방법을 배우기를 원했기 때문에 MBSR 과정에 참여하였다. 그는 생각과 사고의 본질에 대한 이러한 통찰력이 그가 이 과정 동안 해낸 가장 중요한 발견이라고 발표했다.

과거에는 '아, 그냥 일어나고 싶지가 않아. 어쨌든 아무런 희망이 없어. 오늘 할 일을 다 할 수 없을 것 같으니까 굳이 노력하지 않아도 되겠어. 내일도 오늘처럼 기분이 나쁘면 어떻게 될까? 어디서 끝이 날까?' 같은 부정적인 생각들로 아침을 맞았어요.

그런 다음 기분이 너무 나빠서 그냥 침대에 누워 있었지요. 하지만 그렇다고 해서 기분이 나아지는 것도 아니었어요. 그럴수록 제가 우울하고 아픈 패배자처럼 느껴졌어요.

이제 저는 알아요. 제가 이런 생각을 할 때 그것은 단지 생각일 뿐이라는 것을요. 저는 그 생각들을 마음챙김으로 알아차리고, 그들이 좋아하지는 않겠지만, 부정적인 생각들이 더 이상 힘을 키우게 두지는 않아요. 전 이곳에서 명상 수련 기간 동안 우리가 연습하고 있는 방식 그대로 생각을 관찰하게 되었어요. 그런 다음 일어나 하루를 시작하죠. 대개는 기분이 좀 더 좋아져요. 그럴 수 있다는 게 저에게는 정말 획기적인 일이에요. 저는 일어날지 말지 자유롭게 결정해요. 제 삶의 질이 완전히 혁신적으로 달라진 거죠."

앞 장에서 우리는 여러분에게 자신의 스트레스 유발 요인과 경험을 조사해 보라고 했다. 아마 여러분은 스트레스에 노출되었을 때 자신의 반응뿐 아니라 스트레스가 몸과 행복에 어떤 영향을 주는지 알게 되었을 것이다. 마음챙김하며 잠시 멈추어 호흡하며 이 순간에 존재하면 스트레스 유발 요인과 그에 따라 즉시 자동적으로 발생하는 반응 사이에 공간을 만드는 것이 가능하다. 이제는 스트레스의 원인과 잇따른 반응 사이의 공간을 알아차리는 것이 상황에 대한 우리의 경험뿐 아니라 결과에도 영향을 준다는 것을 알았다.

스트레스를 증가시키는 생각 탐험하기

이 시점에서, 우리의 초점은 마음챙김이 우리의 스트레스 대처 방식에 어떤 도움을 줄 수 있는지 살펴보는 것으로 옮겨 간다. 즉, 우리가 마음을 챙겨서 스트레스가 건강에 미치는 부정적인 영향을 줄이는 방식으로 스트레스에 대처할 수 있는지이다. 앞서 말했듯이, 첫 번째 단계는 스트레스 요인과 우리의 반응을 구분하기 위해 잠시 멈추고, 스트레스에 대한 초기 경고 신호를 알아차리는 것이다. 바디스캔, 요가, 앉기 명상을 포함한 MBSR 공식 수련은 신체와의 접촉을 유지하고 스트레스의 초기 징후를 인식하는 능력을 강화한다.

다음 단계는 스트레스를 느낄 때 인지 단계—생각, 판단, 감정 등—에서 발생하는 것을 발견하는 것이다. 우리는 삶에서 스트레스를 없앨 수는 없지만, 스트레스를 증폭시키는 데 주된 역할을 하

는 생각을 평가함으로써, 우리가 스트레스를 다루는 방법에 영향
을 줄 수 있다.

대개 스트레스와 부담이 되는 감정은 우리의 마음속에서 시작된
다. 연구에 따르면, 스트레스 원인과 스트레스를 증폭시키는 생각
을 구분하면 스트레스를 잘 다룰 수 있다고 한다[예: 리차드 라자루
스(Richard S. Lazarus)와 수잔 포크만(Susan Folkman)의『스트레스와 평
가 그리고 대처(Stress Appraisal and Coping)』].[25] 대체로 평가와 가치
판단은 즉각적으로 일어난다. 만약 마음챙김 명상에서 연습한 대로
차분하고 친절한 방식으로 평가와 판단을 알아차리고 그것들을 믿
거나 동일시하는 대신 그냥 왔다 가도록 둔다면, 평가와 판단이 우
리에게 미치는 해로운 영향은 점차 줄어들 것이다. 마음챙김 수련
(특히 앉기 명상에서 그저 생각으로서 우리의 생각을 관찰하는 동안)이
이것을 자각하는 데 도움을 준다.

앉기 명상에서 우리는 항상 생각이 오고 감을 느낄 수 있다. 그
것은 순식간이며 실체가 없다. 인내하고 지속적으로 마음챙김 명
상을 연습하며 이것을 되풀이해서 경험할 수 있다. 시간이 지나면
스트레스를 확대시키는 생각이 일시적이라는 것을 더 쉽게 인식할
것이다. 그렇게 되면 잠재적으로 힘든 상황일지라도, 싸워서 더 큰
것을 잃는 대신에 흘러가도록 내버려 둘 수 있다. 부정적인 생각의
사슬이 생기는 동안 반응하지 않고 현재에 머물 수 있다면, 그렇게
하지 않았을 때 우리를 옭아매는 연결망에 걸려드는 상황을 더욱
쉽게 방지할 수 있을 것이다.

대학교 직원인 사빈(Sabine)은 MBSR 과정에서 불면증과 그로 인
한 고통을 어떻게 끝내게 되었는지 말했다.

밤에는 잠들기가 어려웠고 자주 오랫동안 잠을 자지 못하고 그냥 누워 있었어요. 온갖 생각과 걱정거리가 머릿속을 스쳐 지나가고, 잠이 완전히 달아난 기분이었어요. 그것과 싸우려고 애쓰기도 했지요. 제대로 잠을 못 잤을 때 얼마나 스트레스를 받아야 하는지 생각해 봤어요. 온갖 해결책도 생각해 보고 모든 게 얼마나 끔찍한지에 대한 생각에 빠져 있었어요.

그 외에도, 주된 문제는 아침에 제대로 일어날 수 있는가 하는 걱정이었어요.

마음챙김 연습을 시작했을 때, 불면증 원인을 알아내려고 스스로 판단하고 훨씬 더 큰 고민으로 확대시켜서 불면증을 악화시키고 있다는 걸 깨달았어요.

그래서 이제는 불면증에 대한 판단이 시작되면 이러한 부정적인 생각의 고리에 사로잡히는 대신에 의식적으로 인식하고 호흡 마음챙김을 연습해요.

이제 그걸 불면증으로 보지 않고, 단순히 깨어 있는 상황으로 보는 거죠. 그래서 더 차분하고 편안해졌어요. 저는 대개 다시 잠이 들어요. 그렇지 않을 때는 좋은 책을 읽을 거예요.

어떤 경우라도 더 이상 나를 괴롭히지 않아요. 고통받는 대신 그저 내가 깨어 있다는 사실을 받아들이는 거죠.

생각과의 관계가 어떻게 변할 수 있을까

어떤 사고 과정은 매우 고집스럽고 집요하거나 감정에 너무 치우쳐 있어서 객관적으로 관찰할 수 없을 정도로 우리를 사로잡는 경향이 있다. 어떤 생각들은 너무 강하고 무의식 속에 깊이 자리 잡고 있어서 다른 방식으로 다루어야 할 필요가 있다.

이런 경우에는 생각의 내용에 대해 의문을 제기하거나 현실을 직시하는 것과 같은 인지적 전략이 도움이 된다. 귀찮거나 괴로운 생각이 일어날 때 해야 할 첫 번째 단계는 그 생각을 떨쳐 버리려고 애쓰거나 그 생각을 계속한다고 자신을 비난하지 말고 의식적으로 생각을 알아차리는 것이다. 그 방법은 특히 어려운 상황에서 관용과 자기수용에 대한 태도를 키운다. 그런 다음, 생각이 고통스럽고 사납게 요동치고 지속된다는 것을 알아차리면, 잠시 멈추고 마음챙김하며 그것들에 대한 몇 가지 질문을 해 볼 수 있다.

괴로운 생각에 대해 스스로에게 몇 가지 질문하기

여러분은 우선 힘든 생각이 현재 존재한다는 것을 인정할 것이다. 그런 다음, 친절함과 호기심을 가지고 자신에게 다음 중 하나 이상의 질문을 한다.

- 이 생각이 사실인가? 무슨 증거가 있는가?
- 이 생각이 실제 내가 바라는 결과를 얻는 데 도움이 될 것인가?
- 나와 같은 상황에 처하지 않은 다른 사람은 어떻게 생각할까?
- 내일이나 1년 후라면 나는 이 상황을 어떻게 생각할까?
- 일어날 수 있는 최악의 일은 무엇일까? 일어난다면 정확하게 무엇이 그렇게 끔찍할까?
- 최악의 시나리오는 어떨까?
- 과거에 비슷한 상황에 처했을 때 나는 어떻게 다루었나?
- 누군가가 이런 상황에 있다면 나는 무슨 말을 해 줄까?
- 좋은 친구라면 이런 상황에 대해 나에게 뭐라고 말할까?

- 이 상황에서 내가 더 안전하고 용감하게 느끼도록 도와줄 수 있는 것이 있을까?

자신에게 다음과 같이 말하는 것은 죄책감이나 부끄러운 감정을 표현하는 데 도움이 될 것이다.

- 나는 실수를 해도 된다.
- 나는 어떤 일을 할 수 없어도 된다.
- 나는 약점을 가지고 있고, 그것을 보여 줄 수 있다.

바꿀 수 없는 상황에서, 관점의 변화에 도움을 주는 질문을 스스로에게 해 볼 수 있다.

- 이 상황에서 무엇을 배울 수 있는가?
- 이 상황에서 어떤 의미나 이해를 찾을 수 있는가?

마음챙김을 통한 스트레스 경험 대처 단계

- 의식적으로 잠시 멈추고 호흡을 느낀다. 이는 스트레스 유발 요인과 스트레스 반응 사이에 공간을 만들어 자동 반응이 일어나지 않게 한다.
- 몸을 알아차리고 스트레스 초기 경고 신호를 알아차린다.
- 스트레스를 확대시킬 수 있는 잠재적인 생각을 알아차린다.
- 자신의 감정을 알아차린다.
- 필요하다면 스트레스를 증폭시키는 생각을 그만하기 위해 다른 일을 하기로 의식적으로 결정한다. 예를 들어, 마음챙김하며 휴식을 취하거나 운동이나 활동을 한다.

모든 감정 환영하기

힘들거나 고통스러운 감정은 스트레스 유발 요인이 될 수 있다. 생각이 감정을 만들어 내고 감정에 영향을 주지만 그 반대의 경우도 마찬가지이다. 감정은 우리의 생각을 강화시켜 더 현실적으로 보이게 할 수 있다. 감정은 우리가 자신의 욕구를 인식하고 식별하는 데 도움이 되며, 동시에 일상생활에서 의사결정을 할 때 기초가 되기도 한다.

5회기에서 배운 앉기 명상에서는 호흡과 몸 전체, 감각, 소리, 생각 그리고 감정을 포함하여 다양한 현상에 대한 마음챙김을 연습한다. 이런 연습으로 생각은 생각으로, 감정은 감정으로 인식할 수 있게 된다. 이는 스트레스 유발 요인에 대한 반응을 다루는 데 서서히 자동적인 반응을 마음챙김 대응으로 대체하는 중요한 단계이다. 자동적인 반응은 이전처럼 쉽게 일어나지 않으며 상황이 전개되는 동안 상황과, 그리고 우리 자신과 훨씬 더 많이 접촉하게 된다.

감정과 스트레스

힘들거나 압도되는 감정을 느끼는 것은 스트레스 주요 요인 중 하나이다. MBSR 과정 참가자들도 다르지 않다. 많은 사람이 자신의 감정을 더 능숙하게 다루는 기술을 배우고 싶어서 MBSR 프로그램에 흥미를 나타낸다. 그들은 다양한 방식으로 관심을 표현한다.

- "종종 불안하고, 그래서 스트레스를 받아요."
- "스트레스를 받으면, 화를 내고 사람들을 부당하게 대하게 돼요."
- "다른 사람 잘못이 아닐 때도 소리 지르고 고함치고 남 탓을 해요. 아내가 참지 않았으면 제 결혼생활은 파탄 났을 거예요."

어떤 사람들은 내면으로 숨는 것으로 자신의 감정을 경험한다.

- "외부 스트레스가 클수록, 더 위축되고 숨어 버리게 돼요."
- "전 제 감정과 단절되어 있어요. 특히 분노를 터뜨리기가 어려워요. 그게 많이 괴로워요. 이미 위궤양으로 고생하고 있어요."

여기에 힘든 감정을 대하는 매우 다른 두 가지 방법이 있다.

1. 힘든 감정을 억압한 나머지 더 이상 그 존재를 알아차리지 못하지만, 그것은 잠재의식 속에서 계속 영향력을 행사한다.
2. 스스로를 감정에 지배받도록 내버려 두고, 스트레스 상황에서는 감정에 압도된다.

두 경우 모두, 우리는 감정과 접촉하지 못하고, 감정이 우리를 지배하는 경향이 있다.

그러나 또 다른 선택이 있다. 마음챙김을 하고 감정에 대해 판단하지 않는 태도를 취함으로써 감정이 생길 때 열린 마음으로 함께 있는 법을 배울 수 있다. 자신의 감정을 인식하고 이해하는 데 능숙할수록, 어떤 순간에 감정적으로 무엇을 경험하는지 잘 이해할 수 있다. 우리는 우리가 무엇을 필요로 하고, 그 필요를 어떻게 표현할 수 있는지에 대한 문제와 더 깊이 접촉할 수 있다. 이것이 마음챙김 의사소통의 중요한 부분이다.

잠시 멈추고 감정 알아차리기

정신역동치료에서 게슈탈트와 같은 인본주의치료에 이르기까지 정신치료의 많은 정신적 전통과 학파들에서는 감정에 대한 자연스럽고 개방적인 접근이 정신과 육체의 건강에 있어서 본질적인 구성요소라고 인식한다.

감정은 유전적 구성의 한 요소이다. 그것은 건강 상태를 나타내며, 생존에 결정적인 역할을 한다. 불교심리학에 따르면, 사람들이 하는 경험은 정서적으로 유쾌하거나 불쾌하거나 중립적인 것으로 세 가지가 있다. 주어진 상황이나 사건이 이 세 가지 중 어느 것이든 간에, 우리는 어떤 감각적 자극이 느껴지면 생각하기 전에 매우 기본적인 수준에서 '결정한다'. 이 세 가지 정서적 특성은 각각 일련의 생각, 감정, 반응을 유발한다. 만약 우리의 경험이 중립적이라면, 우리는 그 일에 관심을 많이 기울이지 않는다. 다시 말해서, 오랫동안 그것에 대해 숙고하지 않는다. 그래서 중립적인 사건에 대한 감정적 반응은 무관심이다.

불쾌한 경험은 그 경험을 최소화하거나 끝내거나 벗어나거나 사건을 반복하는 것을 피하면서 기억을 억압하는 (아마도 부정하거나 회피함으로써) 반응을 일으킨다. 우리는 그 상황을 분석하고, 의문

을 제기하고, 곰곰이 생각하고, 걱정을 하기 시작한다. 그 상황에
서 벗어나고 싶기 때문에 우리는 자동적으로 두려움이나 거부, 부
인에서부터 분노, 화, 격분 또는 죄책감에 이르는 다양한 감정을 맞
이하게 된다.

정반대의 반응은 우리가 더 많이 원하는 유쾌한 경험을 할 때 유
발된다. 우리는 그 경험을 유지하고 확대하고 연장하고 반복하고
싶어 한다. 그래서 갈망과 애착의 느낌으로 반응한다. 이것은 많은
욕구 뒤에 숨은 원동력이다.

이러한 모든 반응은 완벽하게 자연스럽고 생존의 기능을 갖기도
한다. 왜냐하면 상황이 위험한지 여부를 가늠하도록 돕기 때문이
다. 일상생활에서, 특히 다른 사람과의 관계나 우리 자신에 대한 감
정에서, 우리는 생사가 판가름 나는 상황에 거의 직면하지 않는다.
그러므로 감정 패턴이 우리 삶을 지배하지 않도록 우리의 감정 패
턴을 명확하게 인식하는 것이 중요하다. 특히 이것은 회피 행동에
적용되어야 한다. 회피는 불쾌한 경험에 의해 자동적으로 유발되
는 생존 본능이다. 불쾌한 감정에 대처하는 데 사용될 때는 문제를
일으킬 수 있고, 심지어 우울, 만성 두려움 또는 다른 심리적 방해
를 일으킨다. 심리학자 스티븐 헤이즈(Steven Hayes)의 연구에 따르
면, 불쾌한 경험이나 감정의 회피(경험적 회피로도 알려져 있음)는 우
울증과 불안장애와 같은 많은 정서적 장애의 핵심에 놓여 있다고
한다.

그러나 만약 우리가 유쾌한 사건에 지나치게 집착하면 이 또한
문제가 될 수 있다. 모든 경험은 시간에 따라 지나가며, 추억에 집
착하면 당연히 고통이 따르기 때문이다. 많은 사람은 유쾌한 경험

을 반복하려고 애쓰면 종종 실망감을 느끼게 된다는 것을 직관적으로 알고 있다.

이 과정의 6회기 때, 엘리자베스(Elisabeth)는 1회기에 했던 바디스캔의 경험이 매우 감동적이어서 이후 이어지는 모든 바디스캔과 비교했다는 것을 깨달았다. 다음은 그녀의 경험담이다.

"저는 맨 처음 바디스캔 때 느꼈던 놀라운 신체적 감각을 똑같이 다시 느낄 수 있기를 항상 기다리고 있었어요. 그런데 다시는 그렇게 강렬한 느낌이 들지 않아서 매번 바디스캔을 연습할 때마다 조금 실망했어요. 제가 항상 뭔가를 잘못하고 있다는 생각을 했어요. 왜냐하면 첫 번째와 같았던 적은 한 번도 없었기 때문이죠. 이제 그 이유를 알게 되어서 기뻐요."

매 순간 현실을 있는 그대로 온전히 받아들이려는 우리의 의지는 종종 조건부이며, 이는 불쾌할 때뿐만 아니라 유쾌할 때도 해당된다. 우리는 현실을 조종하거나 통제하려고 애쓴다. 마음챙김은 정확히 정반대의 태도를 기르는 것이다. 자연스럽고 개방적인 태도로 감정을 다루는 것은 회피하는 것보다 훨씬 더 도움이 되는 접근법이므로, 마음챙김을 연습하는 것은 우리가 좀 더 편안한 태도로 감정과 접촉하는 데 특히 도움이 된다.

앉기 명상은 생각과 감정을 알아차리는 연습을 할 수 있는 이상적인 기회를 제공하며, 그렇게 해서 순수하게 관찰하는 태도를 강화한다. 이것은 생각과 느낌이, 소리나 신체 자극과 마찬가지로, 바꿀 필요 없이 관찰할 수 있는 일시적인 현상임을 우리가 깨닫게 도와준다. 이는 어려운 과정이다. 왜냐하면 우리 모두는 감정에 사로잡히고 그 감정과 동일시하는 경향이 있기 때문이다. 마음챙김은 우리가 감정에 압도되지 않고, 감정을 인정하고, 받아들이고, 관찰하도록 도와준다.

몸에서 감정 찾기

지속적인 마음챙김 수련으로 우리는 점차 감정을 알아차리고, 유쾌한 경험, 불쾌한 경험, 중립적인 경험을 구분하는 능력을 발전시켜 왔다. 다음 단계는 경험에 따라오는 일련의 반응들, 즉 감정뿐만 아니라 생각과 신체 감각을 관찰하는 것이다. '어서 와'나 '그래'라고 말하면서 어떤 경험이 일어나도록 허용하면 뒤따라 신체 반응이 일어날 수 있다. 아마도 흉곽이 확장되어 좀 더 깊이 호흡하거나 복부가 이완된 느낌을 알아차릴 수도 있다.

만약 어떤 경험에 대해 '안 돼'라고 말한다면, 위장이 수축되거나 이마가 긴장되거나 주먹이 꽉 쥐어지는 등의 신체 감각을 유발할 수 있다. 우리의 감정은 항상 신체 반응—매우 미묘하거나 완전히 무의식적일 수 있다—으로 그 자신을 분명히 드러내는데, 바로 여기서 마음챙김이 작용할 수 있다. '위장이 눌리는 느낌이 싫어.'와 같은 생각의 사슬을 쫓는 대신, 가능한 한 압력이 느껴지는 신체 감각에 머무른다. 우리는 '내가 어떤 느낌을 알아차리고 있는가?'라고 물으면서 스스로를 도울 수 있다. 마음을 챙기면 신체 감각에 대한 생각에 끌려다니지 않고 그 감각과 함께 현재에 머무를 수 있다.

나(페트라)는 처음 '마음챙김에 근거한 인지치료(Mindfulness-Based Cognitive Therapy: MBCT)'를 가르칠 때, 마음챙김이 힘든 감

정을 어떻게 변화시킬 수 있는지 직접 경험한 적이 있다. 그 과정
은 대학 연구 프로젝트의 일부였는데, 비디오로 녹화한 후 정기적
으로 수석 연구원들과 함께 그것을 검토해야 했다. 나는 모든 것을
철저히 준비했고, 첫 번째 회기 시작 몇 시간 전에 모임에 참가할
예정이었다. 회의를 가는 도중에 난 극도로 긴장해서 배 속이 꼬이
고 머릿속은 온통 뒤범벅이었다. 필요한 서류가 다 있는지, 내가 모
든 면에서 준비되었는지 집착했다. 나는 그 수업의 순서를 계속 반
복해서 살펴보았고, 철저히 마지막 세부 사항까지 모든 것을 준비
하고 계획한 것을 알았지만, 불안을 떨쳐 버릴 수가 없었다. 오히려
강의실이 가까워질수록 내 마음은 더 흔들렸다. 결국은 복통이 심
해졌다. 나는 매우 놀랐다. 이 세미나 전에는 그런 불안을 결코 경
험해 본 적이 없었고, 왜 이런 일이 일어나는지도 알 수 없었다.

처음에는 내 동료들에게 나의 불안을 숨기려 했다. 여러 주제에
대해 대화한 후, 우리는 함께 명상하기로 했다. 명상하는 동안 내
위장에서 느껴지는 압박감에 마음을 챙기려고 애썼고, 거기에 머
무르려고 했다. 하지만 그것은 내 생각이 그 불쾌한 감각에서 벗어
나려고 노력했기 때문에 쉬운 일이 아니었다. 하지만 계속 명상을
하다 보니, 점차 그 감각에 머물면서 그것이 거기에 있다는 것을 받
아들일 수 있었다. 명상을 하는 도중 어느 순간 나는 엄청난 압박감
이 깊은 두려움을 덮고 있다는 것을 깨달았다. 나는 실패할까 봐 두
려웠다. 가장 두려웠던 것은 동료가 내 비디오를 한 번 보고는 다
시는 MBCT 과정을 진행하지 않는 게 최선이라고 말하는 상황이
었다. 나는 그가 "넌 그냥 이런 일에 적합하지 않은 것뿐이야."라고
말하리라 생각했다.

　　두려움을 표현한 순간, 나는 바로 안도감을 느끼며 배가 편안해졌다. 명상 후에 내 동료와 생각을 나누자 배 속의 압박감이 훨씬 더 완화되었다. 결국 마음챙김은 나의 두려움이 실제로 얼마나 비현실적인가를 깨닫게 해 주었다. 나는 아직도 약간 긴장하지만 이전의 상태와는 비교도 할 수 없을 정도이다. 일단 두려움을 일으키는 게 무엇인지 깨닫게 되면 나를 공포에 떨게 하는 힘은 사라져 버린다. 바꾸거나 분석하지 않고 신체의 감각과 머무르는 것이 큰 도움이 되었다는 사실에 감동받았다. 그날 저녁 그동안 느껴 온 것보다 훨씬 많이 나 자신과 접촉하고 있다고 느꼈다.

연습: 몸에 대한 마음챙김

다음의 연습은 일상에서 몸과 신체적 감각을 알아차리는 데 도움이 될 것이다.

- 앉아 있든, 서 있든, 누워 있든, 걷고 있든, 자신이 어떤 자세로 있는지 감지하면서 수련을 시작한다.
- 다음으로 스스로에게 질문을 한다. '지금 나의 몸에서 정확히 무엇을 경험하고 있는가?' 현재에 있을 수도 있고 없을 수도 있는 모든 감각에 마음을 연다. 어떤 특정한 것을 강요하거나 찾거나 만들어 내려고 애쓰지 않는다. 그저 지금 그곳에 있는 것이 무엇인지 알아차린다. 어떤 식으로든 경험을 바꿀 필요는 없다. 그냥 매 순간 최선을 다해 그것과 함께 머무른다. 자세를 바꾸기로 했다면 움직일 때 몸에서 일어나는 감각을 알아차린다.
- 여러분은 또한 자신에게 물어볼 수 있다. '이 순간 팔은 어떤 자세인가?' '다리에는 어떤 감각이 있는가?' '다리가 의자와 닿는 곳은 어디인가?' '상체와 연결된 머리는 어떤 자세인가?' 걷는 중이라면 '어떤 움직임을 알아차리고 있는가?'라고 물어볼 수 있다.

> • 때때로 배의 꼬르륵 소리, 욱신거리거나 잡아당기는 느낌, 압박감 또는 근
>   육의 긴장 같은 몸속의 감각을 알아차릴 수도 있다. 또한 신체 외부의 감각
>   도 알아차려 본다.
> • 생각이 날 때마다 매일 규칙적으로 감각의 알아차림을 연습한다.

불쾌한 감정에 능숙해지는 방법

우리는 어떻게 하면 감정에 사로잡히거나 지나치게 집착하지 않
고 우리의 감정과 친숙해질 수 있을까? 동시에 그러한 감정을 어떻
게 부정하거나 억누르지 않을 수 있을까?

우리의 감정을 인정하고, 그것이 무엇인지 알고, 두려워하지 않
고 그대로 두는 능력을 개발하는 것은 치유를 향한 큰 발걸음이자 우
리 자신을 전적으로 아는 것이다.

모든 감정은 정신 활동과 신체 감각이 혼합되어 이루어지며, 이
는 종종 감각에 대한 구체적인 생각을 형성한다. 우리는 마음챙김
수련을 통해, 생각과 느낌이 일어나는 것을 통제할 수 없다는 것을
점차 알게 된다. 우리가 할 수 있는 것은 무엇이 떠오르든 마음챙김
하며 의식적으로 선택하는 것이다. 다음은 힘들거나 불쾌한 느낌이
들 때 취할 수 있는 몇 가지 단계이다.

• 잠시 멈추고 호흡을 알아차린다.
• 몸의 모든 감각을 알아차린다. 자신에게 질문한다. '정확히 내
  몸 어디에 이 감각이 있는가? 그곳에서 나는 무엇을 느끼는

가?' 최선을 다해 그 감각에 머무른다.

- 자신을 감정과 동일시하지 않고 현재의 감정에 이름을 붙인다. 예를 들면, "두려움이 있다." "분노가 있다." "슬픔이 있다." 라고 감정에 이름을 붙여 본다.
- 이렇게 이름 붙이고 그 감정과 접촉하고 있음을 느끼고 함께 머무른다.
- 그 감정이 현재 있음을 받아들인다. '어떤 감정이든, 나 자신이 그것을 느끼도록 허용한다.'
- 무엇을 경험하든지, 최선을 다해, 계속해서 그 경험과 함께 존재한다.
- 너무 힘들면 호흡 알아차림으로 돌아가서 준비가 되면 다시 시작한다. 그렇지 않으면 다른 시간에 계속해도 된다.
- 명상이 끝나면 스스로에게 묻는다. '지금 당장 나에게 필요한 것은 무엇인가? 나에게 지금 무엇이 도움이 될까?'

우선은 너무 강하지 않은 감정, 예를 들어 특정 과제를 다룰 때 약간 내키지 않는 감정 같은 것으로 연습하는 것이 가장 좋다. 이렇게 마지못해 하는 상황에 부딪힐 때마다 잠시 멈추고 그 감정을 동반하는 신체적 감각을 알아차린다. 가능한 한 자신에게 친절하게 대한다. 다음 단계에서는 감정을 말로 표현해 본다. 예를 들면, "나는 마음이 내키지 않는다. 나는 지금 마음이 내키지 않는다는 것을 받아들인다. 이런 식으로 느껴도 괜찮다."라고 말로 표현해 본다. 잠시 동안 그 감정에 머무른 후, 준비가 되면, 그것이 어떤 식으로 든 변했는지, 변했다면 어떻게 변했는지 스스로에게 물어본다.

또한 여러분은 일정 기간에 걸쳐, 몇 분간의 앉기 명상을 특별히 감정을 마음챙김하며 알아차리고 인정하는 수련에 쓰고 싶을 수도 있다. 5회기에서 참가자들은 공식적인 앉기 명상과 일상생활 둘 다에서 매일 감각과 감정에 대한 마음챙김 연습을 한다.

일단 우리의 감정을 온전히 알아차리고 인정하게 되면, 능숙한 방식으로 그것을 표현하고 다른 사람과도 소통할 수 있다. 다음 회기 MBSR 프로그램에서는 이것을 다룬다.

마음챙김 의사소통

우리가 타인에게 줄 수 있는 가장 큰 선물은 우리 자신의 현존이다. 판단하지 않고 마음챙김으로 들을 때, 우리는 듣는 사람에게 신뢰와 열린 마음을 내어 준다. 그리고 그들이 마음챙김으로 자신을 표현하도록 지지한다.

－린다 레르하우프트(Linda Lehrhaupt)

6회기는 앉기 명상으로 시작한다. 참가자들의 과제를 확인한 후 이번 회기의 주제인 '마음챙김 의사소통'으로 화제를 돌린다. 수업 중에는 마음챙김 의사소통을 직접 경험해 본다. 다음은 우리가 자주 사용하는 두 가지 연습이다.

1. 두 명을 한 팀으로 해서 한 명은 최근에 경험한 문제를 설명한다(우리는 사람들에게 단순한 것으로 해 달라고 부탁한다. 교통 체증이나 집에서 뭔가가 고장 났다는 예를 제시한다). 그리고 나서 듣는 사람은 들은 것을 반복한다. 이어서 말하는 사람이 듣는 사람이 자신이 한 말을 제대로 이해했는지 표현한다. 그런 다음 듣는 사람과 말하는 사람의 역할을 바꾼다.
2. 역할 연습을 하면서 참가자들은 수동적 의사소통, 공격적 의사소통 또는 마음챙김 의사소통으로 구분되는 다양한 스타일의 의사소통 방식을 실험하고 관찰한다.

이런 연습과 또 다른 연습을 통해 마음챙김 의사소통에서 풍부한 교류를 경험한다.[26]

의사소통: 스트레스의 주요 요인

MBSR 수업의 참가자들은 의사소통 시 겪는 어려움이 삶에서 가장 흔한 스트레스 요인 중 하나라고 말한다. 그렇다면 우리는 왜 거의 모든 사람이 힘들어하는 이 주제를 과정의 절반을 넘어설 때까지 기다렸는가? 어렵거나 스트레스를 주는 의사소통이란 무엇일까?

다음 사례에서 네 명 모두 의사소통 시 어려움을 겪었던 상황을 설명한다.

52세의 회계사인 메리(Mary)는 이렇게 말했다. "남편이 내 얘기를 듣는 것 같지 않아요. 남편한테 하루에 담배를 60개비나 피우고 과식을 해서 건강을 해치는 것을 두고 볼 수 없다고 반복해서 말해 왔어요. 남편이 정리해고 되었기 때문에 힘들다는 건 알고 있지만 나도 힘들어요. 일을 더 해야 했고 그래서 전 더 이상 아이들과 집에 있을 시간이 없어요. 아무리 말해도 남편은 그냥 듣지 않는 거예요."

38세의 차고 소유주인 존(John)은 말했다. "더 이상 어떻게 해야 할지 모르겠어요. 작년에 교통사고 당했을 때 다친 곳의 통증이 끔찍해요. 나는 파트너에게 좀 더 쉬어야 해서 더 많은 휴식이 필요하고, 때로는 아예 속수무책이라고 말했어요. 의사에게 진통제 용량을 늘려 달라고 했지만 거절당했어요. 그 둘 다 내가 점점 좋아지고 있어서 아무런 문제가 없다고 생각하는 것 같아요. 아무도 신경 쓰지 않는 것 같아요!"

73세의 퇴임 교사인 피터(Peter)는 말했다. "내 아내는 매일 기억력을 잃어 갑니다. 나는 최선을 다해 그녀를 돌보고 있지만, 점점 힘에 부쳐요. 아내는 때로는 길을 잃거나 가스불 끄는 걸 잊어버려요. 딸에게 아내를 위한 요양시설을 알아봐야겠다고 말했더니, 노발대발하며 온갖 종류의 일로 나를 비난했어요. 난 아내를 사랑합니다. 내 딸이 어떻게 그런 말을 나에게 할 수 있죠?"

22세의 학생 사빈(Sabine)은 말했다. "공부를 더 하고 싶지 않아요. 그것은 애당초 실수였어요. 전 아버지가 원했기 때문에 의학을 선택했어요. 그러나 저는 정말 여행하고 언어를 배우고 싶고 다른 나라에서 가르치고 싶어요. 부모님은 제가 학업을 마치지 않으면 저를 안 볼 거라고 말했어요. 매일 상황은 점점 나빠지고 있어요. 이 혼란에서 벗어나려고 몇 과목은 시험을 망칠까도 생각 중이에요."

이 참가자들은 똑같은 주제를 가지고 있다. 그들은 사람들이 자기 말을 듣지 않는다고 느꼈다. 더군다나 그 때문에 그들은 화가 나고, 좌절하고, 무기력해지며, 압도되고, 외로워하며, 지지받지 못한다고 느꼈다. 또한 그들은 사람들이 그들의 이야기를 듣는다면 그들의 소원을 이루어 주리라는 기본 가정을 공유하고 있다. 예를 들면, 다음과 같은 것들이 있다.

- 메리의 남편은 담배를 끊고 자신을 잘 돌볼 것이다.
- 존의 파트너는 그가 쉴 수 있도록 격려할 것이다.
- 피터의 딸은 그가 아내를 버리려 한다고 비난하지 않고, 기꺼이 요양시설을 찾도록 도울 것이다.
- 사빈의 부모는 그녀가 의학 공부를 그만두고 쉬는 기간을 가지도록 허락할 것이다.

마음챙김 의사소통의 초점: 우리 자신

메리, 존, 피터, 사빈은 다른 누군가가 그들에게 관심과 확신, 또는 이해와 같이 원하는 것을 주리라는 희망에 중점을 두고 있다.

이러한 소망을 가지는 것은 이해가 가고 충분히 인간적이다. 그러나 그러한 소원을 빌면 다른 사람들이 압박감을 느낄 수 있다. 타인에게서 그런 수준의 압박감을 느낄 때 사람들은 마음을 열기보다는 닫아 버리는 경향이 있다. 많은 이는 협박당하는 느낌이 들고, 분개하고, 들으려고 하지 않으며, 이것이 반응으로 나타난다.

MBSR에서는 우리가 소통하고 싶어 하는 사람에게 집중하기보다는, 우리 스스로가 어떤 상황이나 힘든 의사소통 과정에서 어떻게 행동해야 하는지에 초점을 맞춘다. 참가자들은 자신들의 생각, 감정, 신체적 감각에 고개를 돌리고 그것을 관찰한다. 이것을 감지해서 우리는 좀 더 균형 잡히고 집중된 상태로 머무르는 데 도움이 되는 중요한 단서를 얻게 된다. 이는 결국 상황에 대해 반응하기보다는 마음챙김을 하도록 격려한다. 다시 말해서, 우리는 타인과 연결되도록 애쓰기 전에 먼저 자신과 연결해야 한다.

이전 과정에서 우리는 바디스캔, 마음챙김, 요가, 앉기 명상을 하면서 감각, 감정, 생각을 알아차리는 연습을 해 왔다. 이러한 마음의 자각은 힘든 의사소통에서도 적용될 수 있다. 여기까지 많은 참가자는 마음챙김하며 자신의 필요나 소망을 알고 있는지, 아니면 그 안에 빠져 있는지 차이를 인식하는 능력을 개발해 왔다.

MBSR에서 연습한 대로, 마음챙김 의사소통은 우리가 자신을 표

현하는 방식에 대한 주의 깊고 세심한 관심을 구체적으로 나타낸
다. 이 표현은 깊은 경청, 존중, 다른 견해에 대한 열린 마음으로 만
들어진다. 우리는 다른 사람이 어떻게 반응할지 알 수 없으며, 어떤
사람이 행동하는 방식을 통제할 수 없다. 하지만 우리는 최선을 다
해 자신을 돌보고, 상호존중, 명료함, 책임을 구현하는 방식으로 다
른 사람들과 상호작용할 수 있다.

　때로는 참가자들은 마음챙김 의사소통이 수동적이거나 침묵하
는 것을 의미한다는 오해를 가진다. 그들은 마음챙김 의사소통을
하면 부당함이나 학대 행위에 맞서 소리 내서는 안 된다고 생각하
기 때문에 혼란을 느낀다. 마음챙김 의사소통 수련이 다른 사람에
게 무엇인가 요청하거나 자신을 위해 무엇인가 요구할 수 없음을
뜻한다고 생각하는 이들도 있다.

　우리 연구소의 교수였고, 치유와 건강 돌봄 분야에서 감정의
역할을 연구한 전문가였던, 지금은 고인이 된 울라 프랑캔(Ulla
Franken) 박사는 자신의 감정과 접촉하고, 분명하고 비난하지 않는
방식으로 자신을 표현하는 법을 배우는 것이 마음챙김 의사소통의
근본적인 요소라고 말했다.

　다른 사람과 의사소통할 때 우리가 원하는 것과 원하지 않는
것을 정확하게 표현하기 어려울 때가 많다. 우리는 "너와 함께 재
밌게 보내고 싶어." "낮잠을 잤으면 좋겠는데, 괜찮다면 설거지
를 해 줄래?"라고 원하는 것을 말하는 대신에, "우리 정말 ~해야
해."(영화 보러 가기, 함께 운동하기, 또는 부엌 청소하기……)라
는 말 뒤에 꼭꼭 숨는다.

특히 화가 나거나 짜증이 날 때 우리는 다른 사람을 비난하거나 그들의 행동에 대해 불평한다. 자신의 경험이나 느낌에 머무르는 대신 다른 사람을 비판하는 것이 더 쉬울 때가 많다("넌 항상 늦어." "넌 조금도 노력하지 않아.").

마음챙김 접근은 대화 과정에 큰 변화를 만들 수 있다. 예를 들면, "넌 사려 깊지 못하구나."와 "난 무시당한 느낌이 들어." 사이의 차이를 생각해 보자. 첫 번째 말에서는 비난의 화살을 상대방에게 돌리고 자기 자신은 방어적인 태도를 취했다. 두 번째 말에서는 다른 사람에게 조정할 여지를 주어서 책임감을 공평히 나누고 있다.

마음챙김 의사소통 방법은 수동적이거나 침묵이나 무력함으로 대하는 것과는 매우 다르다. 실제로 그것은 명료함과 솔직함, 인도적인 행동을 지지하는 활발한 의사소통 형태이다.[27]

어려운 의사소통 기록 일지

마음챙김 의사소통 수업의 준비 과정으로 참가자들은 일지를 쓰도록 요청받는다.[28] 일주일 동안 하루에 한 번, 그들은 질문에 답을 하며 어려운 의사소통의 사례를 설명한다. 그들은 상황을 설명해야 하는데, 관련된 사람이 누구인지, MBSR 참가자는 그 상황에서 무엇을 원했는지, 상대방은 무엇을 원한다고 느꼈는지 등을 쓴다. 또한 그들은 그 상황이 벌어지는 동안이나 그 후에 어떻게 느꼈는지도 써야 한다. 마지막으로 그 문제가 해결되었는지 쓴다. 6회기를 하는 동안 우리는 참가자들이 두 명씩 또는 더 큰 집단으로 일지의 내용을 나누도록 초대한다.

클라우스의 일지는 아들과 있었던 일에 관한 것인데, 마음챙김 의사소통을 배운 것이 어떤 상황에 대한 한 사람의 평가에 얼마나 심오한 영향을 미칠 수 있는지 보여 준다. 두 번의 심장마비를 겪으며 죽을 고비를 넘긴 52세의 사업가 클라우스는 참가자들과 다음 내용을 나누었다.

어려운 의사소통 상황은 아들과 관련되어 있어요. 아들은 스물세 살이고 대학을 다니는데 여전히 집에서 살고 있어요. 저는 아들에게 학교에서 집으로 올 때 식료품을 사 오라고 부탁했어요. 저녁으로 모두가 좋아하는 특별 음식을 만들 예정이었거든요. 몇 주 만에 처음으로 온 가족이 함께 저녁을 먹을 수 있는 기회였어요.

집에 와서 요리를 시작하려고 했는데, 사 오라고 한 물건을 아들이 사 오지 않았다는 것을 알게 되었어요. 아들은 음악을 크게 켠 채 자기 방에 있었어요. 저는 방문을 두드렸고, 아들이 문을 열자 쇼핑에 대해 물었어요. "미안해요, 아빠. 잊었어요."라고 말하고 제 면전에서 문을 닫았어요. 저는 화가 머리끝까지 났어요. 심장이 쿵쿵거리기 시작했고, 호흡도 빨라지고 가슴이 꽉 조여 왔어요. '진정해. 또 심장마비가 올 정도는 아니야.'라는 생각이 마음속에 떠올랐어요.

저는 문에서 물러서서 제 손을 심장에 갖다 댔어요. 호흡에 집중하며 마음을 가라앉히려고 애썼어요. 아들이 문을 열고 저를 보더니, 서둘러 저에게 왔어요. "아빠, 괜찮아요?" 불안해하며 물었어요. "약이 필요해요? 구급차를 부를까요?"

아들 얼굴을 들여다보니까, 그 애 눈에서 두려움이 보였어요. 갑자기 분노가 사라졌어요. 저는 저 자신에게 말하고 있다는 것을 알았어요. "이제 괜찮아. 하지만 실망했어. 모두 좋아하는 특별 음식을 요리하고 싶었는데."

아들이 손목시계를 보더니 말했어요. "아빠, 가게 문이 아직 열려 있어요. 어려운 과제를 생각하느라 잊어버렸어요. 여기 목록이 있으니까 금방 갔다 올게요." 그리고는 제가 무슨 말을 하기도 전에 아들은 문밖으로 나갔어요.

클라우스는 그의 일지를 내려다보고는 계속했다.

이 책에 있는 질문들이 제가 뭔가를 이해하도록 정말로 도왔다는 사실을 인정해야겠어요. 저는 아들이 저를 완전히 무시한다고 생각했기 때문에 화가 났어요. 하지만 전혀 그렇지 않았어요. 과거에 저는 온갖 이유를 갖다 붙여 아들을 야단치곤 했어요. 부모에게 얹혀 지내면서 그가 얼마나 쓸모없는지. 책임도 지지 않고…… 제 분노를 쏟아 내기만 했어요. 그날은 그렇게 하는 대신, 마음을 단단히 먹고, 제가 어떻게 느꼈는지만 아들에게 말했어요. 그건 힘들었어요. …… 그건 저에게 큰 변화였어요. 하지만 심장마비가 또 오지 않게 막아 주는 것은 분명해요.

마음챙김 의사소통의 중요한 측면

자신과 접촉하라

클라우스의 이야기로 우리는 마음챙김 의사소통의 몇 가지 중요한 측면을 좀 더 자세히 살펴볼 수 있다. 첫째, 클라우스는 자신의 신체적 감각에 주파수를 맞추었다. 그는 맥박이 빨라지고, 얼굴이 달아오르고, 가슴이 조여지는 것을 알아차렸다. 그는 이러한 감각들을 그가 동요 상태에 있다고 알리는 경고로 인식했다. 그 상태는 심장에 문제가 있는 사람이 머물기에는 좋지 않았다.

클라우스가 이 사건 이전에 몇 주 동안 마음챙김을 연습하지 않았더라면, 자신만의 느낌과 신체적 반응에 머물 수 있었을까? 본인이 인정한 바에 따르면, 그는 자신이 상처 입고 위협을 느꼈을 때, 생각하지 않고 화를 내는 경향이 있었다.

그가 스트레스 상황에서 자신만의 신체 감각을 알아차렸기 때문에, 과거에 그에게 흔히 있었던 기분 변화의 주기가 깨질 수 있었다. 문에서 몇 발자국 물러서서 자기 자신에게 주의를 기울여 연결됨으로써, 그는 습관적인 반응 속에서 길을 잃지 않고, 지금 여기에 초점을 맞추도록 자신을 일깨웠다.

현재에 있으라

클라우스가 가슴에 손을 대고 서 있었을 때, 그에게 어떤 생각이 떠올랐다. '이것이 또 심장마비를 일으킬 정도는 아니야.' 평소대로 반응하지 않고 현재 순간에 머무르게 되면서 그에게 새로운 가능성이 떠올랐다. 이렇게 개방적이고 자동 반응이 줄어든 공간에서, 클라우스는 심장마비를 막는 것이 그의 가장 우선순위임을 알게 되었다. 그러면서 먼저 그 자신을 보살펴야 한다는 것을 상기할 수 있었다.

상대방과 접촉하라

클라우스는 반응하지 않고, 그 대신 한 걸음 뒤로 물러서서 아들과 연결될 수 있는 보다 열린 장소에서 쉴 수 있었다. 아들이 문을 여는 순간 클라우스가 공격적이지 않았기 때문에, 예전에 소리 질렀을 때처럼 아들은 방어적이지 않았다. 클라우스는 아들이 실제로 그를 걱정하고 있는 것을 보았다. 그는 아들의 눈에서 두려움을 눈치챌 수 있었다. 클라우스는 자신의 분노에 눈이 멀기보다는 자신을 향한 아들의 깊은 사랑과 관심을 깨달았다.

'나 전달법(I-message)'을 사용해서 필요한 것을 표현하라

클라우스가 상처받은 느낌을 표현할 때 그것은 힘들고 새로운 것이라고 말했다. 그는 최선을 다했다. 과거에는 아들에게 "넌 실망이야!"라고 말했을지 모른다. 그러나 이제는 나 전달법을 사용해서 "난 실망스러워."라고 말한다.

클라우스는 자신의 감정을 말함으로써 자신이 필요한 것을 표현하거나 나 전달법을 사용하여 상황에 대한 자신의 입장을 표현하는 마음챙김 의사소통의 핵심 측면을 실천하고 있었다. 이는 우리 자신을 지칭하는 대명사 '나'를 사용해서 그 순간에 감정적으로 우리가 어떻게 느끼는지를 설명하는 말이다. 나 전달법은 우리 개인의 관점에서 상황을 어떻게 인식하는지 표현해 준다. 나 전달법은 공격하거나 비난하지 않는다. 그것은 말하는 사람의 느낌이 옳다고 주장하고 일반화하는 대신에 말하는 사람의 개인적인 경험을 나타낸다.

클라우스의 경우, 비난하거나 분노하지 않고 그가 실망했다고 말할 수 있었다.

'나 전달법' 사용에 대한 제안

1. 자신에 대한 것과, 자신의 느낌과 생각에 대해 말한다. 자신의 경험에 집중하고 그것을 펼쳐 나간다. 그 경험이 자신에 관해 무엇을 나타내는지 가능한 한 많이 다른 사람들에게 알린다.
2. 여러분이 상대방에게 가지는 소원에 집중하고 최선을 다해 그것을 표현한다. 소원이 어떻게 여러분에게 도움이 되고 어떻게 상대방을 존중하는 방식으로 충족될 수 있는지 함께 논의한다.
3. 여러분과의 의사소통에서 상대방이 무엇을 이해하고, 어떻게 여러분의 말을 경험했는지 들어 본다.
4. 상대방이 생각하고 느끼고 있는 것에 대해 단정하는 것은 피한다. 이것은 종종 상대방에게 방어적인 느낌을 주고 상대방의 마음을 닫게 만든다.

-울라 프랑켄(Ulla Franken)

이제는 왜 마음챙김 의사소통이라는 주제가 MBSR 과정의 6회기에서 처음 소개되는지 더 분명해졌다. 앞서 보았듯이, 의사소통은 과정의 시작에서부터 마음챙김 기술을 활용하는데, 이는 우리 자신과 연결을 유지하고 내면으로 향하게 하는 것이다. 마음챙김이 없다면 우리는 잠시 멈추기보다 툭하면 반응하게 되며, 비난이나 분노를 다른 사람에게 돌리거나 무력감에 빠져 위축될 수도 있다.

반응하거나 비난하지 않고 위축되지 않음으로써 우리는 그 상황에서 열린 상태로 머물 수 있는 공간이 존재하도록 허용한다. 마음챙김은 우리가 현재에 침착하고 안정된 상태로 유지하도록 힘을 실어 준다. 이것은 반응, 분노, 공포, 비난으로 채워진 상황을 나타내는 긴장과는 극명하게 대비된다.

이 열린 공간은 우리가 가정, 단정, 혹은 불명확한 필요를 넘어서 깊이 듣도록 도와준다. 우리 자신과 다른 사람들에게 깊이 귀를 기울이는 연습을 하면서 우리는 자신과의 연결과 타인과의 공동체를 구축하게 된다.

마음챙김의 날: 고요함 속에서 수련을 심화하기

위대한 일들은 침묵 속에서 함께 만들어진다.

-토마스 칼라일(Thomas Carlyle)

MBSR 과정의 6회기와 7회기 사이에 하루 종일 마음챙김의 날이 진행된다. 이날은 침묵 속에서 오랜 시간 동안 마음챙김 연습의 연속성을 유지할 수 있는 독특한 기회를 제공한다. 많은 사람이 이날을 마음챙김 연습을 심화시키는 날로 경험한다.

집단에서 침묵하는 것은 힘든 일일 수도 있지만 동시에 멋진 경험이 될 수도 있다. 많은 사람은 특히 침묵할 수 있는 기회를 소중히 여기며, "오늘은 말할 필요가 없어요. 말을 해야만 할 것 같은 기분을 느끼지 않고도 사람들과 연결될 수 있어요."라고 말할지도 모른다.

일상생활에서 우리는 종종 대화를 해야 한다고 느낀다. 누군가와 있을 때 대화에 참여하지 않는 것은 무례하다고 생각한다. 하지만 이 집중수련 날에는 모두가 함께 침묵을 지킨다. 따라서 비록 처음에는 당황스럽다 하더라도 말하지 않는 것이 더 쉬워진다. 침묵속에서 수련한다는 것은 우리 자신과 함께할 수 있고, 자신의 가슴으로 향하는 길을 발견할 수 있는 내적인 공간을 만드는 것을 의미한다.

이날은 대화나 몸짓, 얼굴 표정, 눈 맞춤, 또는 미소 같은 다른 형태의 의사소통을 삼간다. 이렇게 함으로써 앉거나 걷고, 눕거나 서 있는 동안 마음챙김을 연습할 때 유쾌하거나 불쾌하거나 혹은 중립적인 감정과 충분히 함께할 공간이 주어진다. 우리는 침묵 속에서 다 함께 점심을 먹는다. 1회기 건포도 명상에서 경험한 것과 같이 마음챙김을 하며 음식을 먹도록 한다.

침묵은 우리 마음을 쉬게 한다. 물통 속의 모래를 휘젓고 나서 잠시 그대로 두면 점차 모래는 바닥으로 가라앉고 물이 맑아지는 것처럼, 우리 마음속의 분노나 스트레스로 가득 찬 생각들도 점차 안정될 수 있다. 우리의 마음은 일반적으로 더 고요해지고 더 선명해지며 더 열린다. 마음챙김의 날에는 많은 참가자가 전에는 좀처럼 알지 못했던 내면의 평화를 경험한다.

이날이 되어 수련을 시작하기 전, 첫 순서인 소개 시간에 참가자들은 얼마든지 질문을 하거나 우려를 표명할 수 있다. 하루의 수련이 끝나고 경험을 나누는 시간에 사람들은 집중수련 경험에 대해 이야기할 기회를 가진다. 그들은 종종 자신의 두려움이나 선입견이 어떻게 변했는지 표현한다. 많은 참가자는 "이제야 마음챙김 수련이 정말로 의미하는 게 뭔지 이해하게 되었어요."라고 말한다.

필요하다면 누구든지 지도자에게 말을 할 수 있다고 도입부에서 알리지만, 우리의 경험으로 보면 이런 일은 거의 일어나지 않는다. 하지만 선택이 존재한다는 것은 중요하다. 왜냐하면 침묵은 억압하기보다는 지지하려는 의도이기 때문이다.

지금까지 배운 모든 마음챙김 수련—바디스캔, 요가, 앉기 명상—을 집중수련의 날에 연습한다. 미리 소개하지 않았지만 새로운 연습 한 가지가 추가된다. 그것은 걷기 명상이다(191쪽 참조). 점심 식사 후 오후에 명상 안내에 따라 침묵 속에서 움직이는 수련이 있다. 마지막에는 지도자가 참가자들에게 두 명씩 짝을 지어 부드럽게 말하도록 요청을 하여 침묵을 깨고, 마음챙김하며 느낀 것을 공유하는 시간을 갖는다. 잠깐 동안의 앉기 명상으로 이날을 마무리한다. 대부분의 참가자는 집으로 돌아갈 때 한층 충만한 기분을 느낀다. 우리는 종종 사람들이 다음과 같이 말하는 것을 들을 수 있었다.

"정말 행복하고 성취감을 느껴요. 내가 정말 자랑스러워요."

"그 시간 동안 침묵 속에서 버틸 거라고 생각하지 못했어요. 나는 견딜 수 있었을 뿐 아니라 거기에서 많은 것을 얻었어요."

"쉽지 않았고 때로는 약간 지루했어요. 그러나 지금은 아주 멋져요. 이 경험을 하게 돼서 기뻐요. 쉴 새 없이 말하지 않고도 살 수 있다는 걸 알게 되어 좋아요."

걷기 명상

가슴(heart)으로 가는 길은 넓은 고속도로가 아니라 조용한 오솔길이다.

-터키 속담

마음챙김을 수련하는 다양한 방법이 있다. 그중 하나는 걷기 명상이다. 걷기 명상을 하는 동안 내딛는 발걸음에 온전한 주의를 기울이고, 신체 감각을 알아차린다. 우선, 191쪽 글상자에서 보듯이 공식적인 마음챙김 수련대로 걷기 명상을 하면 좋다. 공원에서 유모차 밀기와 같이 일상생활에서 걷기 명상을 하는 것 또한 가능하다.

장애물 없이 15~20발짝 정도 걸을 수 있는 장소를 선택한다. 집도 좋고 야외도 좋다. 처음엔 천천히 걷는 것이 도움이 된다. 그러면 걷는 동작의 모든 부분을 더 쉽게 알 수 있다. 걸을 때의 리듬은 정신적 활동을 늦추고 마음을 진정시키는 데 도움이 된다. 특히 마음이 불안하고 생각이 이어질 때 걷기 명상은 앉기 명상보다 더 실용적일 수 있다. 몸이 움직이는 동안 마음은 특정 행동—즉, 걷는다는 행위—에 주의의 초점을 맞춘다. 그리고 이것은 생각의 홍수를 점차 잦아들게 한다.

걷기 명상에도 여러 유형이 있다. 여기에 MBSR 과정에서 우리가 연습하는 걷기 명상이 있다.

걷기 명상

- 시작할 때, 얼마 동안 걷기 명상을 수련하고 싶은지, 예를 들어 10분이나 15분처럼 시간의 양을 정한다.
- 우선 출발점에서 잠시 가만히 서서, 서 있는 자세의 몸을 알아차린다. 두 팔을 양옆으로 느슨하게 늘어뜨릴 수도 있고, 원한다면 가지런히 모아서 배 앞에 두거나 뒷짐을 진다. 어깨는 아래로 내리고 긴장을 푼다.
- 원한다면 잠시 눈을 감고 몸 전체를 알아차린다.
- 눈은 뜨고 앞쪽으로 약 1m 떨어진 곳을 내려 보아도 된다. 발로 분산된 몸무게를 느끼고 다리, 등, 몸의 앞부분, 팔, 어깨, 그리고 머리의 감각을 느낀다. 감각을 바꾸려고 하지 않는다. 단순히 그것을 자각하는 연습을 하는 것이다.
- 준비가 되면 감았던 눈은 뜨고 천천히 앞으로 걷기 시작한다.
- 내딛는 걸음마다 움직임에 따른 감각을 최대한 알아차린다. 발이 땅에 닿을 때 느껴지는 압력, 발을 들어 올리는 것, 한 발에서 다른 발로 체중이 이동하는 것을 알게 될 것이다. 한 걸음 앞으로 나아가고 또 한 걸음, 또 한 걸음……
- 일단 스스로 정한 거리의 끝에 다다르면, 잠시 멈추고 몸을 알아차린다. 그런 다음 천천히 돌아서서 서 있는 자세로 잠시 멈추고 같은 경로로 되돌아 걷는다. 감각과 걷는 과정을 알아차리면서 계속해서 같은 방식으로 왔다 갔다 걷는다.
- 마음이 방황한다면(다른 명상처럼 걷기 명상에서도 그런 일이 일어날 것이다), 그것을 부드럽고 판단하지 않는 방식으로 그저 알아차린다. 그런 다음 걷고 있는 발걸음과 현재 느껴지는 감각에 주의를 돌린다. 설정한 시간이 될 때까지 걷기 명상을 계속한다.
- 걷기 명상이 끝나면 잠시 고요한 상태로 서서 몸 전체의 감각을 느낀다. 그런 다음 가장 편안한 방식으로 명상을 마친다.

우리 자신 돌보기

참가자들은 얼마 전 마음챙김의 날에 참가한 이후 7회기 수업에 이르렀다. 그들은 마음챙김 명상 수련을 하고 고요함 속에서 점심을 먹으면서, 온종일 침묵 속에서 함께 보냈다. 이미 6주간의 수업을 함께했고, 마음챙김의 날을 보낸 후 공동체의 느낌―함께 길을 가고 있다는 느낌―은 더 강화되고 깊어졌다. 많은 참가자가 말하기를, 7회기를 시작할 때 방을 둘러보면서 그들이 침묵 수련을 함께 해냈음을 아는 순간 몹시 감동했다는 것이다. 많은 사람은 그 전날 '내가 할 수 있을까?' '너무 힘들지 않을까?' 하는 걱정을 했다. 이제 그들은 고요함 가운데 성취감과 헌신의 감각을 느낀다. 물론 모두는 아니지만, 많은 사람이 그렇다.

7회기에는 우리가 어떻게 자신을 돌볼지 탐구하는 일반적인 주제로 다양한 연습이 소개된다. 그리고 이 탐구에서 암시적인―명시적이기도 하다―것은 마음챙김이 형식적 또는 비공식적 수련을 통해 의도적으로 자기돌봄에 사용될 수 있다는 것이다. 7회기, 8회기가 계속되는 동안, 마음챙김 수련을 일상생활에 어떻게 통합할 수 있는지에 초점이 맞추어진다. 이 수업이 끝나고 나면, 모든 사람은 이론적으로뿐만 아니라 실용적이고 현실적인 방식으로도 이 수련을 자신의 삶 속으로 끌어들일 것이다.

잠시 앉아 있다가 집단으로 서서 요가를 연습한다. 우선, 서 있는 동안 짧은 바디스캔이 소개될 수도 있다. 몇 주 전에 바디스캔을 했기 때문에, 수업 구성원들은 현재 존재하는 것을 알아차릴 수 있

다. 또한 그들은 신체의 어떤 부위에 보살핌이 필요한지 알아차릴
수 있다. 예를 들면, 컴퓨터 앞에서 일하느라 어깨가 뻣뻣하다고 느
끼거나 지나치게 많이 읽느라 눈이 피곤할 수 있다. 바디스캔을 하
는 동안 몸에 부드러운 주의를 기울이면서, 친절한 주의를 필요로
하는 어떤 감각이든지 알아차린다.

　그런 다음, 자신의 몸에서 무엇을 알아차렸는지 공유하고, 또한
서서 하는 요가 자세 또는 어깨 돌리기와 같은 동작 중에서 지금 자
신이 하고 싶고, 사람들과 함께 하고 싶은 자세가 있는지 공유한다.
어쩌면 그 자세를 이제 가장 좋아하게 되었을지 모른다. 또는 그들
은 "내가 어떤 식으로 느낄 때면, 나 자신을 돌보겠다는 바람의 표
현으로 이 요가 동작을 할 수 있다."라는 직관적인 이해를 지금 확
립하고 있는 것이다. 많은 사람이 지난 몇 주 동안 요가 자세에서
보다 자연스러운 편안함을 경험해 왔고, 그뿐만 아니라 일상생활
에서 움직이는 방식에서도 부드러움을 경험해 왔다.

　누군가 특정 동작을 안내하면서 동시에, 그 동작과 개인적으로
어떤 관계를 맺고 있는지 경험을 나눌 수 있다. 이런 맥락에서 참가
자들이 말하는 이야기는 항상 장밋빛은 아니지만, 그 이야기들은
사실이다. 예외 없이, 어떤 사람들은 요가를 하고 나서야 그들이 자
신을 얼마나 무시했는지 혹은 가혹하게 다루어 왔는지 깨달았다고
말한다.

　전에 마라톤 선수였던 한 참가자는 다음과 같은 내용을 공유했다.
"서서 요가 자세를 하는 동안 발을 허벅지 맨 윗부분까지 끌어올리
지 못해서 너무 화가 났어요. 고관절 수술 이후로 이런 건 제게 불
가능한 동작이 되었죠. 이제는 어떤 동작을 하든지, 예전에 했던 만

큼의 근처도 못 가요." 그는 잠시 말을 멈추고 말을 이어 갔다. "한 번은 지나치게 밀어붙이다가 넘어지고 말았어요. 운이 좋았죠. 하지만 자존심이 무너졌어요. 그렇지만 지금 여러분을 보니 뭔가 다르게 느껴지네요. 보세요. 우리는 모두 우뚝 서 있고, 자랑스럽게 서 있으니까요. 그리고 그는 미소를 지으며 덧붙였다. "다들 약간 비뚤어지긴 했지만요."

자기돌봄의 중요한 측면은, 실제로 그것을 수행하는 데 있어 가장 중요한 요소가 우리 자신의 의지를 '세우는 것'임을 깨닫는 것이다. 종종, 특히 살아오면서 온갖 풍파를 겪었다면, 누군가 또는 무엇이 우리를 이끌어 주기를 기다리면서, 수동적인 태도를 취하거나 아무 일도 하지 않으려 들 수 있다. 자기돌봄으로 나아간다는 것은 진정으로 우리 몸, 마음, 가슴의 초대를 받아들이는 것, 계속해서 다시 연결하고, 주의 깊게 듣고, 어떤 메시지가 오든지 알아차리고, 그에 적절하게 반응하는 것이다. 어깨가 뭉친 것을 알아차리고 스트레칭을 한다면, 약을 먹어야 한다거나, 한참을 미루어 온 검진을 받아야 한다거나, 갈등을 겪는 누군가와 이야기해야 한다고 우리에게 알려 주는 것과 동일한 자극에 대응하고 있는 것이다. **자기돌봄은 자신을 돌보는 것을 의미한다.** 우리 대부분이 느끼는 바로는, 우리가 언제 돌봄이 필요한지 인식하기 어려울 뿐만 아니라, 그 돌봄을 우리 자신에게 주기도 어렵다. 그렇기 때문에 이와 같은 연습은 자신에게 영양분을 듬뿍 공급하는 행위이다.

다음 연습은 "당신이 어디에 가든, 당신은 그곳에 있다."라는 주제를 탐구한다. 이 지혜로운 말은 존 카밧진(Jon Kabat-Zinn)의 마음챙김 명상에 관한 베스트셀러 제목이기도 하다. 참가자들은 연습 내내 침묵 속에서 MBSR 지도자의 안내를 받으며, 각자의 '자리'에서 탐구해 볼 특정한 주제에 따라, 방 안의 다른 곳으로 자리를 옮긴다. 이 연습은 또한 마음챙김이 강화하는 중요한 특성, 즉 선택을 할 수 있는 능력에 주의를 환기한다. 이 과정을 진행하는 동안 다양하게 이 주제를 접하면서, 우리는 습관적인 행동과 우리를 가두는 사고방식을 인식함으로써 마음챙김이 어떻게 현명한 선택을 하는 데 도움이 되는지 탐구한다.

참가자들은 방 안의 다른 장소로 자리를 옮기는데, 겉보기에는 불편해 보이지만 좋은 경험을 할 것 같은 곳을 선택한다. 그리고 새로운 자리에 앉을 때 바로 느끼는 감각과, 그 자리에 앉는 것에 관한 자신의 태도를 탐구하도록 요청받는다. 각 자리에서 그들은 지도자가 제기한 질문을 스스로에게 던질 수 있다. 어떤 질문은 누군가 자신의 경험에 관해 가질 수 있는 기대를 가리킨다. 예를 들어, 어느 시점에서 참가자들은 그들이 불쾌할 거라고 생각하는, 그래서 평소라면 아마도 절대 선택하지 않았을 자리에 앉게 될 수도 있다. 자리에 앉을 때 감각을 느끼고, 감각을 통해 받아들이는 다양한 경험을 알아차리게 되면, 사람들은 실제 경험이 생각했던 것과는 다르다는 사실에 즐거운 기분을 가지며 놀란다. 어쩌면 자리가 바뀌면서 그들은 완전히 다른 관점에서 사물을 보는지도 모른다. 예를 들어, 누군가 이제까지 방이 춥다고 느껴 왔는데, 새로 앉은 자리는 아늑한 구석이라서 외풍을 막아 준다든지 하는 것이다.

동시에 유쾌할 거라고 짐작해서 선택한 자리가, 앉았을 때 불편하고 방 전체와 격리된 느낌을 주면서 불쾌한 자리가 될 수도 있다. 따라서 이 시간을 통해 참가자들은 유쾌하든, 불쾌하든, 중립적이든, 존재하는 모든 것과 함께하는 연습을 할 수 있다.

사실, 우리는 대부분의 시간 동안 우리가 있는 곳에 존재하지 않는다. 우리는 다른 어딘가에 있었으면 하고 바라거나, 자신의 의견에 너무 갇힌 나머지 있는 그대로를 보지 못하고, 길들여진 대로만 볼 수도 있다. 그 결과, 우리가 아는 것으로 틀을 만들어 놓고, 그 안에서 특별히 행복하지 않은데도 그 틀 안에 자신을 가두는 경향이 있다. 그 때문에 우리의 세상은 점점 더 작아진다. 우리가 인식하는 범위를 넘나들며 보는 것이 가능할까? 장막을 걷어 내고 기꺼이 있는 그대로와 함께할 수 있을까?

"이 연습과 자신의 삶 속에서의 기대라는 주제 사이에 어떤 연관을 찾을 수 있습니까?" 또는 "당신의 삶 속에서 당신은 어떤 자리를 차지하고 있습니까?" 또는 "만약 상황이 명백하지 않거나 불확실하다면, 모르는 채 둘 수 있습니까?"라고 질문을 하면서 지도자는 이 연습을 일상생활에 어떻게 적용할지 탐구할 수 있다.

끊임없이 변화하는 사물과 상황의 본질에 대한 주제가 또한 생겨나고, 무슨 일이 일어나든, 어디에 있든지, 우리 존재 자체로 이해되는 마음챙김이 다시 한번 더 강조된다. 심지어 불확실성조차도 거기에 있을 권리가 있다. 반응한다는 것은 가능한 한 빨리 불편함을 없애고 싶다는 의미이다. 대응한다는 것은 매 순간 그 상황에 머물면서 상황이 펼쳐지도록 허용하는 것을 의미한다. 그렇게 펼쳐지는 과정에서, 우리 주변의 모든 것이 흔들리며 돌고 있을 때조차도, 고요하고 안정된 새로운 느낌이 뿌리내릴 수 있다.

통제하지 못하리라는 두려움 때문에 종종 우리는 미지의 세계에서 직면하는 새로운 상황에 진입하지 못한다. 어떤 사람들에게는 새로운 장소를 탐험한다는 생각이 매력적으로 보일 수 있다. 하지만 낯선 것에 강하게 저항하는 사람에게는, 그것은 결코 편안한 것이 될 수 없다. 나(린다)는 내 경험을 통해 이 사실을 잘 알고 있다. 파리를 세 번이나 방문한 뒤에야 비로소 나는 정착해서 그 도시를 즐길 수 있었다. 뉴욕이라는 도시에서 태어나고 자랐지만, 내가 처음 파리에 몇 번 갔을 때는 극도로 불편했다. 매번 하루 만에 파리를 떠나 프랑스의 작은 도시나 마을로 갔다. 파리를 탐험하면서 충분히 편안함을 느꼈던 때는 그곳에 사는 누군가의 초대를 받아서 함께 시간을 보냈을 때뿐이었다.

돌이켜 생각해 보면, 파리에서 어려움에 직면했을 때 너무 어리고 돈도 없었던 것을 감안해 보면, 나를 달아나게 만든 것은 대부분 나의 느낌이었다는 것을 알 것 같다. 내가 어디에 있는지 알지 못한다는, 통제할 수 없다는, 내 방식대로 협상하기 힘들 것이라는 느낌. 나는 프랑스어를 할 줄 몰라서 무력함을 느꼈다. 그리고 지도를 잘 읽지 못했기 때문에, 종종 가려고 했던 곳이 아닌 다른 곳에 가 있곤 했다. 나는 낯선 곳에서의 불안정한 단계를 최대한 빨리 건너뛰고 싶었다. 그리고 문자 그대로 체크인도 하기 전에 파리를 떠났다.

마티나(Martina)는 비슷한 주제의 경험을 나눴다. 그녀는 불편함에서 가능한 한 빨리 벗어나려고 애썼지만, 그녀가 말했던 "개인적인 지옥"의 원천은 말 그대로 그녀의 머릿속에 있었기 때문에 불가능했다. 그녀는 심한 이명 때문에 MBSR 과정에 등록하게 되었다. 그녀는 의학적 치료와 심리치료 모두 받았지만, 지금까지는 그녀가 기대했던 효과를 내지 못했다. 그녀는 이 강좌가 도움이 될지 회의적이었지만 시도해 보고 싶었다. 지금까지 그녀에게 가장 어려운 것은 앉기 명상이었다.

> 처음 우리에게 소리를 들으라고 했을 때, 저는 제가 놀라서 펄쩍 뛰겠거니 생각했어요. 제 머릿속을 맴도는 소리들로 미칠 것 같았기 때문에, 저는 소리를 듣지 않으려고 그때까지 할 수 있는 모든 것을 해 왔거든요. 다 소용없었지요. 꽤 오랜 시간 동안 제가 느낀 것이라곤 내면의 저항, 때로는 눈물, 그리고 안팎으로 밀려드는 압박감이 전부였지만, 그래도 어떻게든 계속했어요. 그러다가 어떤 시점에서, 저는 싸우기를 그만두고, 소리를 막으려는 노력을 멈추었어요. 저는 소리를 받아들였어요. …… 제 말은, 소리가 거기에 있다고 인정했다는 거예요. 그리고 그것은 계시였어요! 전에는 한 번도 들은 적 없던 것들을 듣고 있었어요. 소리들은 모두 같지 않았고, 심지어 소리가 전혀 들리지 않는 짧은 순간도 있었어요. 무슨 일이 있었는지 모르지만, 저는 처음으로 뭔가를 알게 되었어요. 소리와 함께 살 수 있다는 것을!

자리 바꾸기 연습에 이어서, 평소보다 긴 시간의 앉기 명상에서 열린 알아차림을 수련하며 우리 삶의 한가운데에 앉는 경험이 깊어진다. 이 연습은 자리를 옮기는 연습 다음에 하기 때문에, 참가자들에게 그들이 실제로 자리에 앉았음을, 그리고 그들의 삶의 한가운데 자리할 수 있음을 상기시킨다. 5회기부터 연습을 시작했던 선택 없는 알아차림은 이제 보다 친숙해졌고, 소리, 호흡, 생각, 감정, 감각과 함께하라는 지시는 익숙하게 느껴진다.

앉기 명상 이후에는 집에서 수련한 내용을 탐구하는 시간을 가진다. 이제 7회기가 되자, 집단은 지도자의 지도에 덜 의존하면서 스스로 안내하는 때가 많아진다. 집단 구성원들은 서로에게 질문을 하거나 도출된 요점에 대해 더 자세한 설명을 청한다. 그들은 더 큰 신뢰와 명료함을 경험하면서, 한층 더 깊은 수준의 탐구에 참여한다. 지혜는 집단 안에서 자연스럽게 나타난다.

다음으로 살펴볼 주제는 '나는 무엇을 받아들이는가(take in)?'이다. 집에서 하는 과제의 하나로, 참가자들은 여섯 번째 주 동안 이 주제를 성찰했다. 다음에 이어지는 것은 집에서 할 과제를 위한 안내이고, 이것은 네덜란드 롤드(Rolde)의 마음챙김 연구소에서 수업 참가자들을 위해 만든 MBSR 과정 워크북을 기반으로 한다.[29]

받아들이는 것 알아차리기

우리는 매일 시각, 청각, 촉각, 후각, 미각, 이 다섯 가지 감각을 통해 많은 것을 받아들인다. 이 감각은 우리 의식으로 들어가는 입구이며, 자동적인 반응을 불러일으킬 수 있다. 즉, 우리가 경험이 유쾌하거나 불쾌하다고 느끼고 나면, 그다음에 하는 일은 진짜로 이것을 원하는지 원하지 않는지 결정하는 일일 것이다.

이번 주에는 그 감각을 통해서 자신이 무엇을 받아들이는지, 매일 특별한 관심을 기울여 본다. 자신이 무엇을 듣고, 보고, 냄새를 맡고, 느끼고, 맛보는지 알아차리고 다음 내용을 고찰해 본다.

- 그것은 어디로부터 왔는가?
- 당신은 그것을 얼마나 받아들였는가?
- 그것은 대부분 자동적으로 일어났는가, 아니면 의식적인 선택이었는가?
- 그것은 중립적이었는가, 유쾌했는가, 불쾌했는가?
- 몸은 그것에 대해 어떻게 반응했는가? 그리고 호흡은 어떻게 반응했는가?
- 어떤 감정이나 생각이 떠올랐는가?
- 당신이 그것과 함께하는 방식에 관해서 무엇을 알았는가?

수업에서 참가자들은 수업 전 한 주 동안 그들이 알아차린 것을 공유하도록 초대된다. 많은 것을 언급하는 가운데, 가장 자주 논의되는 항목은 음식과 디지털 미디어와 소음이다. 먹기는 한 주 동안 많은 사람에게 주제가 된다. 다수의 사람이 현재 순간의 경험에 머물기가 어렵다는 것을 알아차렸다고 말한다. 그들은 마음챙김 없이 먹기의 다양한 형태를 다음과 같이 언급한다.

- 이동하거나 일하면서 먹기
- 다른 일을 하기 전 급히 먹어 치우기
- 다른 활동에 완전히 빠져 있으면서 먹기
- 건강에 좋지 않은 음식 선택하기
- 스트레스 받을 때 과식하기

이 시점에서, 곧바로 해결 방법에 초점을 맞추거나, 옳고 그른 방법이 있다고 가정하기 쉽다. 특히 어려운 점은, 우리가 어떠해야만 한다는 생각을 자신에게 강요하는 방법의 하나로, 우리 스스로를 자책하는 경향이 있다는 것이다.

이 수업에서 강조하는 것은 몸과 마음이 갈망에 의해 어떻게 영향을 받는지 알아차리고, 감지하고, 인식하는 것이다. 요점은 해결책이나 조언을 제공하는 것이 아니다. 사실, 관찰과 연구 조사 둘 다에서 이런 식의 접근 방법이 행동을 바꾸는 데 지속적인 효과가 없다는 것을 보여 주었다. 우리가 특정 행동을 하도록 촉발하는 감각의 파도를 타면서도 감각이 이끄는 대로 행동하지 않는 능력을 발견한다면 훨씬 더 도움이 될 것이다. 이렇게 하는 한 이유는 우리가 느끼는 것은 반응(reaction)이기보다는 대응(response)이며, 이것은 스스로를 벌주는 것이 아니라 스스로를 돌보는 일이기 때문이다. 자신을 판단하기보다는 부드럽고 조용히 해결책을 연마하면서, 우리는 자기신뢰에 대한 기초를 다지고 우리에게 다음과 같이 알려 주는 고요한 자신감을 만들어 낸다. "나는 이것을 할 수 있다. 잘못된 것으로 되돌아갈지라도, 나 자신을 비난하지 않고 그것을 깨달을 수 있고, 다시 앞으로 나아갈 수 있다. 다시, 그리고 또다시⋯⋯."

반응은 여전히 일어난다. 우리는 수업에서 반응이 탈중심화된 관점에서 나타난다는 것을 알아차리라고 크게 강조한다. 우리는 생각을 무언가를 하려는 욕구가 아니라, 단지 생각으로 아는 것을 선택할 수 있다. 종종 참가자들은 반응하지 않기를 원하며, 비록 그들이 이것을 인식하고 있을지라도 습관이 깊게 배어 있기 때문에 항상 건강한 선택을 하지는 못한다. 우리는 이 시점에서 자신을 비난할지 모르지만, 필요한 것은 자기연민과 신뢰이다. 수업 중 생기는 중요한 질문 중 하나는 '어떻게 일상생활에서 알아차림을 유지할 수 있을까?'이다.

많은 참가자가 자신이 한 주 동안 무엇을 받아들이는지, 무엇에 노출되는지 관찰하면서, 갈수록 디지털화되는 세상이 삶에 미치는 영향을 면밀하게 살펴본다. 그들은 또한 인터넷, 특히 소셜 미디어에 쓰는 시간의 양과, 그것이 가족이나 다른 사회적 관계에 어떤 영향을 미칠지 걱정한다.

소셜 미디어의 영향은 공공 생활에서 분명하게 드러난다. 많은 사람은 끊임없이 그들의 디지털 기계에 접속한다. 레스토랑에서는 온 가족이 테이블에 앉아 주문은 제쳐 두고 각자 스마트폰을 쳐다보고 있는 것을 종종 볼 수 있다. 지닌 스완슨(Jeanene Swanson)은 "문자와 트윗, 또는 소셜 미디어에 모든 세부 사항을 공유해서 올리지 않고는 현재 이 순간에 살 수 없는 경향이 있다."라고 말했다. 그것은 고립공포감(Fear Of Missing Out)을 나타내는 인터넷 용어 FOMO에서 더 큰 문제로 거론된다.[30] 그녀는 코네티컷에 위치한 인터넷 및 기술 중독 센터 창립자인 데이비드 그린필드(David Geenfield)의 온라인상에서 사는 것의 영향에 대한 의견을 인용했다. "이것을 병리적이라고 말할 수는 없지만, 흥미로운 사회적 현상이다." 문제는 이것이다. "당신은 삶을 진짜로 살지 않는다는 것이다. 당신은 삶을 전달하고(transmitting) 있다."[31]

음식이나 인터넷 사용, 다른 물질이나 활동들이 우리의 삶을 너무 많이 차지하지 않고, 그래서 우리에게 자양을 주는 활동과 휴식 시간을 누리는 데 시간이 모자라지 않도록, 진정으로 균형 잡힌 삶을 사는 데 마음챙김이 어떤 역할을 할 수 있을까? 이 두 가지는 스트레스 수준을 낮게 유지하고, 스트레스를 받은 이후 회복력과 긴장을 풀 수 있는 능력을 발전시키려면 꼭 필요하다.

이전 회기뿐만 아니라 특히 7회기에서 다룬 중요한 태도는, 우리가 언제 자신에게 해로운 행동에 말려드는지를 알아차리는 능력이다. 이것을 알아차리면, 그 행동을 하려는 자동적 경향을 차단할 수 있다. 이런 순간들은 사실 선택의 가능성이 열리는 기회이다. 잠시 동안일지라도, 이런 순간들을 더 많이 알아차리는 경험은 참가자들에게 강력한 지표이자 가능성이다.

게다가 마음챙김 수련을 하면 우리가 얼마나 순식간에 그리고 가혹하게 우리 자신을 판단하는지, 그러면서 우리가 통제 불능 상태이며, 우리 자신의 충동의 희생자라는 느낌을 무심코 강화하는지 알아차릴 수 있다. 우리는 습관적인 행동에 직면할 때, 그것을 부정적으로 느끼고 가능한 한 빨리 고치거나 바꾸고 싶어 하는 경향이 강하다. 이런 경향성은 우리가 좋아하지 않는 것을 없애려는 소망이 촉발하는 반응적 대응의 예이다. 이를 설명하는 또 다른 예는, 우리가 어떤 것에 대하여 혐오감을 느낀다는 사실이다. 혐오를 느끼면 불편감이 일어나고, 우리는 그 불편감을 없애고 싶다.

변화를 바라는 것은 인간의 특성이지만, 어쩌면 변화가 일어나기에 가장 유리한 지점은 어떤 것도 변화시키려 들지 않으면서 그 바람이 언제 나타나는지, 그것이 우리에게 어떻게 영향을 미치는지 세심한 주의를 기울이는 능력을 키우는 자리일 것이다. 우리는 신체 수준에서 자신의 감각, 생각, 감정 그리고 그것이 우리에게 미치는 영향을 알아차릴 수 있다. 우리의 마음챙김 대응을 멈추게 하는 충동에 끌려가지 않고, 그 대신 충동이 몸의 어느 부위에서 느껴지는지 면밀하게 주의를 기울이면서 충동의 파도를 탈 수 있다.

우리는 충동과 만족을 향한 움직임 사이의 공간에서 마음챙김하며 시간을 보낸다고 말할 수 있다. 있기 쉬운 곳은 아니지만, 자기를 벌주거나 비난하지 않고 호기심과 친절함을 키우고 실천함으로써, 우리는 지혜의 씨앗에 물을 주고, 그 씨앗은 언젠가 현명하고 생명을 주는 선택으로 피어날 것이다.

이 책의 앞부분에서 우리가 규율을 갖추고 무언가를 극복해야만 한다는 느낌을 가지기보다, 회피하는 습관과 단순히 함께하려는 기꺼이 하기(willingness)에 관해 이야기했다. 우리는 MBSR 과정을 하는 동안 매일 수련하기 위한 규율이 없다고 느꼈던 로버트의 경험에 대해서 말했었다. 규율(discipline)이라는 단어는 불건강한 삶의 선택을 변화시키는 맥락에서 종종 사용된다. 초콜릿 한 조각을 더 먹으려는 충동을 자제할 수 없을 때, 우리는 규율이 없다고 말한다. 하지만 자기개선의 형태라고 여기면서 규율을 지키도록 가혹하게 밀어붙이는 행위는 사실은 우리 자신에 대한 공격이다. 종종 벌주기나 불친절한 행동을 암시하는 규율이라는 단어를 사용하는 것보다, 린다는 기꺼이 하기라는 단어를 선호한다.[32] 이런 맥락에서 '기꺼이 하기'란 존재하는 무엇이든 움켜쥐거나, 차단하거나, 증폭시키지 않으면서, 몸, 마음, 가슴 안에서, 열린 알아차림 안에서 현존하는 특질이다. 규율을 대신할 수 있는 또 다른 단어는 온 마음(wholeheartedness)이다.

페마 초드론(Pema Chödrön)의 책은 따뜻하고 실용적인 접근을 담아 베스트셀러가 되었는데, 그는 온 마음의 길(the path of wholeheartedness)에 대해 이렇게 말한다.

　온 마음을 다하는 것은 소중한 선물이지만, 아무도 당신에게 그것을 줄 수는 없다. 당신은 가슴이 있는 길을 찾아서, 그 길을 끝까지 걸어야 한다. 그 길에서 당신은 몇 번이고 거듭해서 당신 자신의 불안, 당신 자신의 골칫거리, 당신 자신의 완전한 실패를 마주한다. 하지만 그 길을 온 마음으로 따라가며 온 마음으로 수련하는 과정에서 이 불편은 장애물이 아니다. 이것은 단지 삶의 어떤 질감이고, 어떤 에너지이다. 이뿐만 아니라, 가끔은 모든 것이 좋아서 날아오를 것 같아 '바로 이거야. 여기가 가슴이 있는 길이야.'라고 생각할 때, 갑자기 완전히 실패하기도 한다. 모든 사람이 당신을 쳐다볼 것이다. 당신은 자신에게 말한다. "진심을 다했던 그 길에 무슨 일이 발생한 거지? 여기는 마치 진흙탕길 같군." 온 마음으로 전사(warrior)의 여정에 전념했기 때문에, 그것은 당신을 밀고 찌른다. 마치 당신이 무엇을 해야 할지 모를 때, 누군가가 당신의 귀에 대고 웃으면서 어떻게 할지 알아내라고 요구하는 것과 같다. 그것은 당신을 겸손하게 하고, 당신의 가슴을 연다.[33]

　그래서 온 마음의 정신으로 연습하는 것은 사실 숙련된 파트너로서 친절하고 결단력 있게 어떤 상황으로 반복해서 다시 돌아가는 행위이다.

　수업이 끝나갈 무렵, 우리는 다음이 마지막 수업이라는 사실에 주의를 환기시킨다. 집에서 할 과제인 워크북에, 수업 구성원들은 이 과정이 끝난 후에도 계속 연습을 하기 위한 자신의 목표를 반영한다. 지난 몇 주 동안 생성된 추진력을 어떻게 유지할 것인가? 이제까지 온 마음과 친절 그리고 삶에 자신을 내어 맡김이라는 씨앗들을 심고 물을 주었다. 그것들은 순간순간 반복해서 수확될 수 있다. 수업을 마치는 고요한 순간에, 참가자들은 넘치는 자신감, 부드러운 결단력을 가지고 바로 지금 여기에 마음챙김하며 존재한다.

충동, 갈망, 혐오에 직면할 때 마음챙김을 지지하는 질문들

당신이 평소에 참여하는 어떤 일을 하고 싶은 갈망이나 충동을 알아차릴 때, 다음 질문 중 하나 이상을 스스로에게 물어본다. 각 질문을 할 일 목록에 기재된 항목이 아닌, 어떤 일이 발생하든 단순히 있을 수 있는 열린 공간으로 보는 것이 가장 좋다.

1. 첫 번째로 알아야 할 것: 그 활동에 참여하게 이끈 것은 무엇인가? 정말 원하는 것이 무엇인가?
2. 기록할 시간 가지기
   - 어떤 감각이 있는가? 몸의 어느 곳에서 느껴지는가?
   - 생각이 존재하는가?(예: '이것이 있어야 한다.' 또는 '이 누르는 느낌이 사라져야 해.')
   - 어떤 감정들이 나타나는가?(예: 슬픔, 불안, 분노, 기쁨)
   - 무언가를 추구하거나 피하려는 욕망을 경험하면서 어떻게 마음챙김을 할 수 있을까?
   - 정말로 무언가를 원하는가? 또는 숨기거나 차단하고 싶은 불쾌한 것이 있는가?
   - 실제 당신에게 더 건강하고 더 만족스러운 다른 무언가가 있는가?
   - 당신이 끌리는 것이 건강이나 기분, 웰빙에 어떤 영향을 미칠까?
   - 가능한 대안이 무엇인가?
   - 건강한 대안을 선택하지 못하게 하는 장애물은 무엇인가?

되돌아보기, 앞으로 나아가기

8회기 MBSR 과정의 마지막 수업은 이전 수업과 같이 마음챙김 명상 연습으로 시작된다. 바디스캔부터 시작해서, 구성원들이 큰 원으로 둘러앉아 첫 번째 수업에서 했던 연습을 반복한다. 지금쯤 은 요가 자세와 앉기 명상, 걷기 명상처럼 바디스캔이 친숙할 것이 다. 게다가 예전과 같이 각각의 연습은 우리 자신에게 집으로 돌아 오라는 초대장 같은 것이다.

여정으로서의 MBSR 과정

여러 면에서 MBSR 과정에 참여하는 것은 여행과 유사하다. 여 행을 계획할 때와 마찬가지로 과정을 등록하고, 교통편을 마련하 고, 일정을 조정하는 등 처리해야 할 일이 많다. 우리는 여행을 시 작하기 전에, 보통 지도와 가이드북을 구입한다. 그렇게 시간을 들 여 조사한다면, 무슨 일이 일어날지 예측할 수 있으리라 생각할지 모른다. 그러나 여행하다 보면 종종 책으로는 알 수 없는 놀라운 경 험을 하게 될 것이다.

이것은 MBSR 프로그램을 경험해 보기 전에 이 책을 포함하여 MBSR 프로그램에 관해서 무엇이든 읽는 것과 같다. 얼마나 많은 정보를 흡수했는지와 상관없이, 수업에 참가하는 것과 이것에 대 해서 읽는 것과는 상당히 다르다는 것이 곧 명백해진다. 의미론자

알프레드 코지브스키(Alfred Korzybski)의 유명한 말이 있다. "지도
는 영토가 아니다."

여행을 하는 동안, 우리는 종종 새로운 사람들을 만나고, 때로는
그들과 함께 여행하다가 때가 되면 헤어져서 다른 방향으로 떠난
다. 이별에는 종종 달콤한 슬픔이 있다. 비슷한 느낌이 MBSR 과정
의 마지막 수업에 스며들어 있다. 함께 여행하는 것이 항상 원만한
것은 아니더라도, 거기에는 동료애 정신과 마음챙김의 길을 함께
여행해 온 느낌이 있다. 마지막 만남에서 이것을 인정하는 것은 많
은 사람에게 가슴 아픈 일이다. 그러나 8주 동안 그들은 그러한 감
정을 부추기거나 밀어내지 않고 존재하도록 허용하는 것을 연습해
왔다.

우리 자신의 가장 친한 친구 되기

마지막 수업에서 우리가 제시하는 주제는 이 과정이 끝나고
나서도 마음챙김 연습을 계속하는 방법이다. 많은 참가자에게,
MBSR 수업에 등록하는 것은 이 방향으로 나아가는 중요한 걸음이
었다. 이 과정이 끝나면 우리는 자신을 돌보는 것에 대해서 무엇을
배워 왔는지, 또한 미래에 이것을 어떻게 계속해서 할 수 있을지에
대해서 돌아볼 시간을 가진다.

그렇게 하기 위해서 우리는 7회기에 참가자들에게 다음의 질문
을 생각해 보고, 특별히 의미 있게 느껴지는 질문을 하나 이상 선택
하게 한다.

- 어떤 활동들이 나의 건강과 개인적 성장, 인간관계를 지지해 주는가? 내 삶의 이러한 영역에 해를 끼치는 활동은 무엇인가?
- 일상생활에서 정기적으로 즐겨하는 신체 운동을 할 시간을 낼 수 있는가?
- 자신을 돌보는 것에 대한 내 생각을 행동에 옮기기 위해서 무엇을 해야 하는가?
- 무엇이 그리고 누가 내 계획을 방해할 수 있을까? 장애가 나타나면 어떤 조치를 취할 수 있을까?
- 다른 사람과 연결되는 것이 가능할까? 나는 어떻게 그렇게 할 수 있을까? 아마도 다음에 의해서 가능할 것이다.
  1. 누군가와 전화번호를 교환하고 명상 코칭 파트너로서 정기적으로 대화를 나누는 것?
  2. MBSR 수료자를 위한 교육과정에 등록하거나, 다른 마음챙김 명상 프로그램에 참가하는 것?
  3. 집중 수련에 가는 것?
  4. 정기적으로 친구나 집단과 함께 명상을 하는 것?

때때로 참가자들이 그들 자신에게 편지를 쓰고, 자기 주소가 적힌 봉투 안에 그 편지를 넣고 지도자가 몇 달 후에 보내 줄 수 있다. 그들은 편지에서 특히 미래에 마음챙김 훈련을 계속하도록 자신을 지지하는 말들을 쓰기를 권장받는다. 또한 그들은 이 과정에서 배운 것을 상기하도록 한다.

많은 참가자는 몇 달 후에 자신의 편지를 읽으며 깊게 감동받는다. 헬렌(Helen)은 자신의 경험을 말해 주기 위해 다음과 같이 썼다.

내가 처음 그 편지를 받았을 때, 나는 이 말들이 내가 쓴 것인지 믿을 수가 없었다. 꽤 현명한 내용이었다. 이것이 진짜 나였었나? 다시 읽었을 때 이 편지를 쓴 사람이 정말 나라는 것을 알았다.

MBSR 과정을 통해 나는 나 자신의 가장 깊은 부분과 연결되었고, 그 부분은 그때 내가 어떻게 나를 돌보아야 하는지를 알았고, 앞으로도 항상 알 것이다. 나는 이 상태를 유지하기 위해 가끔 편지를 다시 읽는다. 어쨌든 나는 나의 가장 친한 친구로부터 온 편지를 읽고 있는 중이다.

영원한 불꽃: 계속 수련하기

이 과정이 끝나면, 많은 참가자가 그들 자신에게 질문한다. 이 수업이 끝나면 마음챙김 수련을 어떻게 계속할 것인가?

올림픽 게임이 시작되기 전에, 경기장에는 횃불이 켜진다. 횃불은 4년마다 올림픽이 열릴 수 있게 해 주는 헌신과 약속 그리고 훈련 정신의 강력한 상징이다. MBSR의 첫 회기는 마치 마음챙김의 정신을 상징하는 불꽃을 밝히는 것과 같다. 마음챙김 연습을 할 때마다, 우리는 그 불꽃이 밝게 타오르도록 부채질을 하는 것이다.

과정이 진행되는 동안 그 불꽃이 계속 타오르도록 유지하는 것이 항상 쉬운 일은 아니다. 때로는 강한 바람이나 비가 불꽃을 꺼트릴 위협이 되기도 한다. 단순한 것에서 심각하게 인생을 바꾸어 놓는 것까지 무엇이든 궂은 날씨가 될 수 있다. 즉, 알람시계가 울리지 않거나, 직장에서 급한 프로젝트의 막판이 되거나, 사랑하는 사람이 급하게 병원으로 가야 하는 상황 등이 있다.

삶에는 다양한 일이 벌어진다. 경이롭고, 말도 안 되고, 평화롭고, 도전적이며, 때로는 허리케인 수준으로 우리를 압도하는 일들이 벌어진다. 도망치거나 무너지는 것이 아니라, 삶을 만나고 그 한가운데 현재에 머무는 것이 우리가 연습한 것이다. 자, 이제 어떻게 계속할 것인가?

아흔아홉 개의 커브 길을
어떻게 똑바로 갈 것인가

한스는 과정이 끝난 후 마음챙김 수련을 계속할 수 있을지 걱정된다고 말했다. "저는 규칙적인 수련을 하기 위해 지난 8주 동안 정말 열심히 했어요. 이제 수업에 올 수 없어서 걱정입니다. 저는 계속할 수가 없을 것 같아요. 여기에 매주 오는 것이 정말 도움이 되었어요. 이제 그 일이 사라지게 될 거예요."

아무도 일상생활에서 마음챙김하기가 쉽다고 말하지 않는다. 특히 심각한 통증이나, 실업, 개인적 비극이나 예측 불가능한 삶에 시달리는 등 어려운 일이 일어날 때는 더욱 그렇다. 하지만 많은 사람이 그 과정에서 마음챙김이 힘을 준다는 것을 발견한다. 어려운 상황의 다양한 측면을 알아차릴 수 있음을 배우고, 어떻게 대응할지 의식적인 결정을 내릴 수 있게 되면서, 개인이 지닌 힘에 대한 감각과 책임감 있는 선택을 하려는 욕망이 자라난다.

사빈은 MBSR 과정의 마지막 저녁에 다음과 같이 말하며 이것을 확인해 주었다. "삶이 '방해가 되는 것' 같다고 느껴짐에도 불구하고 어떻게 수련을 계속했냐고요?" 그녀는 웃으며 동료들을 둘러보며 계속 말을 이어 갔다. "글쎄요. 인생은 방해가 되는 게 아니죠. 그렇지 않나요? 인생에는 일이 생겨요. 진정한 질문은 '어떻게 그것에 반응할 것인가?'라는 거죠."

사빈이 말한 것은 마음챙김 수련의 중요한 주제를 언급하고 있다. 어려움에 직면했을 때 어떻게 계속할 것인가? 정말로 이것은 많은 명상 전통에서 다루는 중심 주제이다. 예를 들어, 선 명상 수련에서 사람들은 때때로 명상적 질문의 형태에 참여해서, 처음에는 역설적인 것처럼 보이는 이야기를 성찰한다. 인생에서 어려움에 직면했을 때 어떻게 나아갈 것인가라는 질문은 잘 알려진 선문답과 닮아 있다. 아흔아홉 개의 커브 길을 어떻게 똑바로 갈 것인가?

사람들이 이 문제를 풀 때, 그들의 첫 번째 반응은 보통 이렇다. "그것은 불가능하다. 아흔아홉 개의 커브가 있는 길을 직진할 수는 없다." 그러나 성찰 후에는 아흔아홉 개의 커브가 있는 길이 자신의 인생이라는 것을 알게 된다. 그 커브들은 매일 발생하는 사건들이다. 즉, 좌절과 도전 그리고 기회 같은 것이다.

만약 구불구불한 길을 직진해야 한다고 생각한다면, 이것은 마치 좌우를 보지 않고 삶을 헤쳐 나가야 한다고 생각한다는 것을 의미할 수 있다. 그러나 직진하는 것이란 삶과 직접 만나라는 초대를 받아들인다는 의미일 수도 있다. 계속해서 직진해 나가면서 최선을 다해 모든 커브에서 돈다는 것은 맹목적이지 않고 길을 따라 무엇을 만나든 열린 채로 머물러 있는 것이다. 우리는 어떤 상황에서도 마음챙김하며 살고 그 삶의 풍요로움을 경험할 수 있는 우리 자신의 능력을 신뢰하는 법을 배운다.

공식적 · 비공식적 수련 지속하기

마지막 회기를 준비하는 동안 참가자들은 과정이 끝난 후에도 수련을 계속하기 위한 연습 일정을 계획한다. 어떤 사람들은 공식적인 수련 하나에 집중하고 그것을 정기적으로 연습하기로 결정한다. 다른 사람들은 혼합된 형태를 선호한다. 예를 들어, 매일 60분의 수련 시간을 바디스캔이나 요가와 앉기 명상을 하는 부분으로 나눈다.

7회기 동안에는 오디오 안내 없이 주요 명상 수련을 하는 실험이 권장될 것이다. 그 말은 우리는 누구나 마음챙김을 매일 우리 삶에 통합시키기 위해 필요한 모든 것을 가지고 있으며, 우리의 마음챙김 수련이 어떤 것일지, 이것을 가능한 시간에 어떻게 구조화할지 결정하는 데 있어서, 우리가 더 강력한 역할을 할 수 있다는 것이다.

마음챙김 수련이 일상생활에서 우선순위가 되어야 한다는 것은 많은 사람에게 명백한 일이다. 조안은 수련을 우선사항으로 만든 경험을 우리와 함께 나누었다.

　저는 지난주에 매우 중요한 약속이 있었어요. 그날은 비가 쏟아졌고 저는 차가 없었어요. 택시를 부르기로 했지만, 올 수 있는 택시가 없을까 봐 걱정이었어요. 그래서 필요한 것보다 세 시간 전에 택시 예약을 했어요. 심지어 약간 거짓말도 했는데, 병원에 가야 한다고 했거든요.

제가 그렇게 노력하고 있다는 사실에 놀랐어요. 저는 그 일에서 결정에 헌신하는 것에 관한 큰 교훈을 얻었어요. 마음챙김 수련을 할 때도 똑같이 할 수 있다는 것을 알았어요. 그냥 시작해야 하고, 전념해야 하며, 비가 오거나 날이 좋거나 그냥 해야 하는 거죠. 결국 다 저에게 달린 일이에요.

철저한 정직

현실적으로 마음챙김 수련을 계속하려면 자신을 알고, 일상생활에서 실행이 가능한 수련을 설계하여 계획을 세워야 한다.

만약 아침형 인간이 아니거나 언제 깰지 알 수 없는 아주 어린 아이가 있다면, 수련을 하기 위해서 매일 아침마다 평소보다 한 시간 일찍 일어나기로 하는 것은 허황된 계획이다. 다음 질문들을 고려하면 현실적으로 수련 계획을 세우는 데 도움이 될 것이다.

1. 과거에 내가 할 수 있었던 일이 무엇이었는가?
2. 이상적으로, 미래를 위해 마음챙김 수련 일정을 어떻게 잡고 싶은가?
3. 이 계획은 현실적인가?
4. 어떤 장애가 생길 수 있을까?
5. 내게 도움이 되는 자원은 무엇이 있는가?
6. 내 계획을 가능한 한 실행 가능하게 만들기 위해 어떤 조정이 더 필요한가?

7. 내가 이것에 전념할 수 있는가? 얼마나 오랫동안?

우리는 여러분이 이러한 질문과 대답에 시간을 내도록 권한다. 아마 약간 수정이 필요할지도 모른다. 예를 들어, 월요일은 보통 힘든 날이기 때문에 수련하지 않기로 결심하는 것이다. 약속할 수 있는 무언가를 찾을 때까지 계속 계획을 세운다. …… 그런 다음에는 그것에 전념한다.

종종 자연스럽게 질문이 생길 것이다. 만약 수련을 중단하면, 어떻게 될까? 마음챙김 훈련은 다른 기술 훈련과 차이가 없다. 예를 들어, 어렸을 때 악기를 배운 후 잠시 멈추더라도, 몇 년이 지난 후에도 연주를 할 수 있을 것이다. 하지만 음을 많이 놓칠 것이고, 손은 더 뻣뻣한 느낌일 것이고, 음악은 긴장한 듯 느껴질 것이다. 왜냐면 규칙적으로 연습하지 않았기 때문이다. 만약 연습을 다시 시작한다면, 시간이 조금 걸리겠지만 민첩함은 돌아올 것이다.

마음챙김 수련을 멈추면 언제나 똑같은 일이 일어난다. 우리는 언제나 다시 시작할 수 있다……. 그리고 다시……. 다음 순간에……. 다음 호흡과 함께.

어떻게 수련을 유지할 것인가에 대한 질문에 답하려면 철저히 정직해야 한다. 여기에서 '철저히(radical)'라는 말의 의미는 우리가 기꺼이 자신의 행동을 관찰하고 그것이 무엇인지를 있는 그대로 인정한다는 뜻이다. 그것은 희망과 바람, 기대라는 장막을 통해서가 아니라 명백하게 보는 것을 의미한다. 그리고 나서, 우리가 목표를 달성하지 못했을 때, 스스로를 가능한 한 친절하고 부드럽게 일으켜서, 먼지를 털어 내고 처음부터 또다시 시작한다. 하는 일에 이

름을 붙이고, 조용하고 용감하게 무엇을 해야 할지 결정한 다음 최
선을 다하는 것은 강력한 힘이 된다.

마지막 수업은 끝이 아니라 시작이다

마지막 수업이 끝나 갈 무렵, 모든 사람은 MBSR 과정에서 자신
에게 중요한 것이 무엇인지 말하는 기회를 가지게 된다. 이 주제를
소개하기 위해서, 린다는 때때로 『Presence』라는 책에서 나오는 실
화를 사람들에게 읽어 준다.

몇 년 전…… 프레드(Fred)가 들려준 이야기는 사람들에게 깊
은 감동을 주었다. 그는 몇 년 전에 말기 암 진단을 받았다. 많은
의사를 만났지만 모두 암으로 진단을 했으며, 그는 그 상황에 처
한 사람들이 하는 일을 다 겪었다. 몇 주 동안 그는 자신이 암에
걸렸다는 것을 부정했다. 하지만 마침내 친구들의 도움으로 살날
이 겨우 몇 개월밖에 남지 않았다는 사실을 받아들였다. "그렇게
하자 무언가 놀라운 일이 일어났습니다……." "저는 중요하지 않
은 모든 일을 멈추었는데, 아무것도 문제가 되지 않았습니다. 저
는 아이들과 함께 항상 하고 싶어 했던 프로젝트를 시작했고, 엄
마와 싸우는 것을 그만두었습니다. 차가 막힐 때 누가 끼어들어
도, 예전에 화가 났던 일이 다시 일어나도, 이제 화가 나지 않았습
니다. 나는 그중 어느 것에도 낭비할 시간이 없었습니다."
살날이 얼마 남지 않았을 무렵, 프레드는 한 여성과 새롭게 만

나 멋진 관계를 시작했다. 그녀는 프레드가 자신의 병에 관해 더 많은 의견을 들어 보아야 한다고 생각했고, 그는 미국의 몇몇 의사와 상담을 했다. …… 그리고 곧 "우리는 다른 진단을 내렸다." 라고 말하는 전화를 받았다. 의사는 그의 병이 매우 드문 종류의 난치성 질병이지만 치료 가능한 경우가 있다고 하였다. 그런 다음에 나온 이 이야기를 나는 절대 잊지 못할 것이다.

프레드는 말했다. "이 소식을 전화기 너머로 들었을 때, 나는 아기처럼 울었습니다. 내 인생이 예전처럼 다시 돌아갈까 봐 두려웠기 때문입니다."[34]

많은 참가자는 프레드의 이야기에서 영감을 얻었으며, 마음챙김이 어떻게 그들의 삶에 영향을 미치고, 그들 자신의 삶에 각인되었는지 더 나누고 싶어 했다.

이 수업이 끝나면, 항상 일상생활이 기다리고 있다. 사라(Sarah)는 매주 그랬듯이, 손을 흔들며 작별인사를 하고 마지막 버스를 타기 위해 달려간다. 존(John)의 전화기는 켜자마자 울린다. 그의 부인은 집에 오는 길에 우유를 사다 달라고 한다. 메리(Mary)는 제인(Jane)이 코트를 입는 것을 돕는다. 앨런(Allan)은 제인의 휠체어 뒤에 서서, 남편이 기다리고 있는 밴 입구 쪽으로 밀어 줄 준비를 한다. 칼(Carl)은 프레드에게 다음과 같은 것을 요구한다. "그 기사 참고문헌을 보내 줘. 아마도 거기에 나한테 필요한 게 있을 거야."

마지막 작별인사가 끝나고 그 교실이 비고, 곧 바빴던 공간에 고요함이 자리 잡는다. 삶은 어딘가 다른 곳에서, 모든 곳에서 계속된다. 다음 주에는 새로운 참가자들이 수업을 채울 것이다. 그 주기가 다시 시작될 것이다.

다가오는 주에, 사라, 존, 앨런, 메리, 제인, 칼, 프레드는 마지막 회기 이후 집에서 과제를 하기 위해 워크북을 펼칠 것이다.

그들은 시인 라이너 마리아 릴케(Rainer Maria Rilke)가 저술한『젊은 시인에게 보내는 편지들(Letters to a Young Poet)』이라는 그의 책에서 이러한 내용을 찾을 것이다.

제발……. 당신의 마음속에 풀리지 않는 모든 것에 인내심을 가지고, 그것들이 문이 잠긴 방인 듯, 알 수 없는 외국어로 쓰인 책인 듯 모든 질문 자체를 사랑하도록 노력하기를 부탁합니다. 답을 찾지 마십시오. 지금은 답을 얻을 수 없습니다. 왜냐하면 당신은 그 답대로 살 수 없기 때문입니다. 중요한 것은, 매 순간을 사는 것입니다. 지금은 질문을 품고 살아가십시오. 아마도 그러면, 언젠가 먼 미래에 알지 못하는 사이에 점차 그 답을 향해 나아갈 것입니다.[35]

이 말들이 아흔아홉 개의 커브가 있는 길을 가는 동안 인내와 경이로움으로 우리를 인도해 주기를.

미주

1. Jon Kabat-Zinn, *Full Catastrophe Living: Using the Wisdom of Your Body and Mind to Face Stress, Pain, and Illness* (New York: Bantam, 2013), p. xxxv.

2. 위와 같은 책, p. lxii.

3. 마음챙김 연구에 대한 최신 정보의 훌륭한 출처는 American Mindfulness Research Association, https://goamra.org/pulications/mindfulness.research-wonthly에 의해 작성된 『월간 마음챙김 연구(Mindfulness Research Monthly)』이다.

4. 매사추세츠 의과대학의 의료, 건강관리 및 사회에서의 마음챙김 센터(Center for Mindfulness in Medicine, Health Care, and Society)는 1979년부터 스트레스 완화 클리닉에서 22,000명이 넘는 사람들에게 MBSR을 제공했다. 유럽은 오늘날 독일, 네덜란드, 스위스 및 영국에 수백 명의 지도자가 있고, MBSR 교육에서 강력한 성장을 보여 주고 있다. MBSR을 알고 있는 다른 유럽 국가로는 덴마크, 핀란드, 프랑스, 그리스, 아일랜드, 이탈리아, 리투아니아, 노르웨이, 폴란드, 스페인, 스웨덴 및 터키가 있다. MBSR은 또한 아르헨티나, 호주, 브라질, 홍콩, 뉴질랜드, 페루, 남아프리카공화국, 한국, 대만 및 기타 세계 각국에서 가르치고 있다. 미국에서는 의학, 건강관리 및 사회에서의 마음챙김 센터가 매년 MBSR 및 관련 중재에 관한 회의를 조직하고 있다.

   독일 MBSR-MBCT 지도자 협회는 매년 독일어권 국가에서 수백 명이 참가하는 회의를 조직한다. European Network of Associations of Mindfulness-Based Approaches(EAMBA)는 유럽 전역의 지도자들을 모아 회의와 수련회를 제공한다. 실제로, 유럽 국가(예: 독일)의 일부 국가 보건 서비스는 피보험자에게 MBSR 과정에 참여할 때 보상을 제공하고 있다.

5. Kabat-Zinn, *Full Catastrophe Living*, p. 268.

6. P. Grossman, L. Kappos, H. Gensicke, M. D'Souza, D. C. Mohr, I. K. Penner, and C. Steiner, "MS Quality of Life, Depression, and Fatigue Improve after Mindfulness Training," *Neurology* 75, no. 13 (2010), 1141-1149.

7. Richard Davidson and Sharon Begley, *The Emotional Life of Your Brain: How Its Unique Patterns Affect the Way You Think, Feel, and Live and How You Can Change Them* (New York: Penguin, 2012), p. 11.

8. 위와 같은 책, p. 205.

9. 위와 같은 책, p. 204.

10. Kabat-Zinn, *Full Catastrophe Living*, pp. xli-xlv.

11. Lucia McBee, *Mindfulness-Based Elder Care: A CAM Model for Frail Elders and Their Caregivers* (New York: Springer, 2008).

12. Kabat-Zinn, *Full Catastrophe Living*, p. xlii, xlix.

13. Darlene Cohen, *Turning Suffering Inside Out: A Zen Approach to Living with Physical and Emotional Pain* (Boulder, CO: Shambhala, 2002).

14. "365 Days of Happiness," *Daily Good*, undated, www.dailygood.org/2010/07/20/365-days-of-happiness.

15. Zindel V. Segal, J. Mark G. Williams, and John D. Teasdale, *Mindfulness-Based Cognitive Therapy for Depression: A New Approach to Preventing Relapse* (New York: Guilford Press, 2002), p. 184.

16. Charlotte J. Beck, *Everyday Zen* (San Francisco: HarperCollins, 1997), p. 140.

17. Stephen Levine, *Meetings at the Edge: Dialogues with the Grieving and the Dying, the Healing and the Healed* (New York: Anchor, 1984), p. 133.

18. "Perlman Makes His Music the Hard Way," *Houston Chronicle*, February 10, 2001, www.chron.com/life/houston-belief/article/Perlman-makes-his-music-the-hard-way-2009719.php; "Three Strings and You're Out," Snopes.com, last updated May 16, 2007, www.snopes.com/music/artists/

perlman.asp.

19. "만약 인생을 다시 산다면 데이지꽃을 더 많이 꺾으리라." www.devpsy. org/nonscience/daisies.html. 이 이야기 역시 아마도 도시 전설 장르에 속할 것이다. 어쨌든 이야기는 반복해서 들려 오고 많은 사람에게 영감을 준 것 같다.

20. Segal, Williams, and Teasdale, *Mindfulness-Based Cognitive Therapy for Depression*, p. 170.

21. Nils Altner, extract from *Manual for MBSR Course Instructors*, Linda Lehrhaupt & Karin Krudup, eds. (Bedburg: Institute for Mindfulness-Based Approaches, 2016), p. 75. 이 매뉴얼은 교육 프로그램 밖에서는 사용할 수 없다.

22. 위와 같음. 다른 버전은 *Achtsam mit Kindern Leben: Wie wir uns die Freude am Lernen erhalten; Ein Entdeckungsbuch* (Munich: Kosel, 2009), pp. 87-88에서 독일어로 찾을 수 있다.

23. Katharina Meinhard, extract from *Manual for MBSR Course Instructors* (Germany: Institute for Mindfulness-Based Approaches, 2009), p. 108. 이 매뉴얼은 교육 프로그램 외에 사용할 수 없다.

24. Shinzen Young, "Pure Experience," *Buddhadharma* (Spring 2007): 38.

25. Richard S. Lazarus and Susan Folkman, *Stress, Appraisal, and Coping* (New York: Springer, 1984).

26. 우리가 마음챙김 소통 수업에 사용하는 연습은 존 카밧진이 개발한 MBSR 교육과정과 마음챙김 센터의 직원들에게 적용된다. 우리가 의사소통 회기에서 가끔 사용하는 또 다른 연습은 벨기에의 MBSR 지도자인 에델 맥스(Edel Maex) 박사가 개발했다.

27. 울라 프란켄(Ulla Franken), *Workbook for MBSR Course Participants* (Bedburg: Institute for Mindfulness-Based Approaches, 2016), p. 43에서 발췌한 내용이다. 이 워크북은 교육 프로그램 외에 사용할 수 없다.

28. 스트레스 의사소통을 위한 일일 기록표는 카밧진의 *Full Catastrophe Living*, appendix, pp. 614-615에 있다.

29. *MBSR Course Participant Handbook of the Institute for Mindfulness*, ed. Johan Tinge, et al. (Rolde, Netherlands: Institute for Mindfulness, 2016).

30. Jeanene Swanson, "The Neurological Basis for Digital Addiction," The Fix,

October 6, 2014, www.thefix.com/content/digital-addictions-are-real-addictions.

31. 위와 같음.

32. 린다는 선 스승 샬롯 조코 벡이 규율을 "있는 그대로를 기꺼이 반복해서 다시 보기"라고 정의하여 '기꺼이 함'이라는 단어를 사용하는 것에 영감을 받았다.

33. Pema Chödrön, *The Wisdom of No Escape* (Boston: Shambhala, 2010), p. 96.

34. Peter Senge, C. Otto Scharmer, Joseph Jaworski, and Betty Sue Flowers, *Presence: Exploring Profound Change in People, Organizations and Society* (London: Nicholas Brealey Publishing, 2005), pp. 25-26.

35. Rainer Maria Rilke, from *Letters to a Young Poet*, Stephen Mitchell, Trans. Boston: Shambhala, 1993), pp. 49-50.

추천 도서

우리 목록에 있는 이 저작들은 주로 일반 독자를 위한 것임을 주목하라. 우리는 이 목록을 주로 MBSR로 한정하였지만 몇몇 저작은 다른 마음챙김 개입법에 관한 것도 포함하였다.

Bardacke, Nancy. *Mindful Birthing: Training the Mind, Body, and Heart for Childbirth and Beyond.* San Francisco: HarperCollins, 2012.

Bartley, Trish. *Mindfulness-Based Cognitive Therapy for Cancer.* Oxford, UK: Wiley-Blackwell, 2012.

Bates, Tony. *Coming through Depression.* Dublin: Gill and Macmillan, 2011.

Bauer-Wu, Susan. *Leaves Falling Gently: Living Fully with Serious and Life-Limiting Illness through Mindfulness, Compassion and Connectedness.* Oakland, CA: New Harbinger, 2011.

Bays, Jan Chozen. *How to Train a Wild Elephant: And Other Adventures in Mindfulness.* Boston: Shambhala, 2011.

____. *Mindful Eating: A Guide to Rediscovering a Healthy and Joyful Relationship with Food.* Boston: Shambhala, 2009.

Biegel, Gina. *The Stress Reduction Workbook for Teens: Mindfulness Skills to Help You Deal with Stress.* Oakland, CA: New Harbinger, 2009.

Bowen, Sarah, Neha Chawla, and G. Alan Marlatt. *Mindfulness-Based Relapse Prevention for Addictive Behaviors: A Clinician's Guide.* New York: Guilford,

2011.

Brach, Tara. *Radical Acceptance: Embracing Your Life with the Heart of a Buddha*. New York: Bantam, 2003.

Brantley, Jeffrey. *Calming Your Anxious Mind: How Mindfulness and Compassion Can Free You from Anxiety, Fear and Panic*. Oakland, CA: New Harbinger, 2003.

Burch, Vidyamala, and Danny Penman. *Mindfulness for Health: A Practical Guide to Relieving Pain, Reducing Stress and Restoring Wellbeing*. London: Piatkus, 2013.

Carlson, Linda, and Michael Speca. *Mindfulness-Based Cancer Recovery: A Step-by-Step MBSR Approach to Help You Cope with Treatment and Reclaim Your Life*. Oakland, CA: New Harbinger, 2011.

Chödrön, Pema. *When Things Fall Apart: Heart Advice for Difficult Times*. Boston: Shambhala, 1997.

Davidson, Richard, with Sharon Begley. *The Emotional Life of Your Brain: How Its Unique Patterns Affect the Way You Think, Feel, and Live—and How You Can Change Them*. New York, Penguin, 2012.

Flowers, Steve. *The Mindful Path through Shyness: How Mindfulness and Compassion Can Free You from Social Anxiety, Fear and Avoidance*. Oakland, CA: New Harbinger, 2009.

Gardner-Nix, Jackie. *The Mindfulness Solution to Pain: Step-by-Step Techniques for Chronic Pain Management*. Oakland, CA: New Harbinger, 2009.

Germer, Christopher. *The Mindful Path to Self-Compassion: Freeing Yourself from Destructive Thoughts and Emotions*. New York: Guilford, 2009.

Hanh, Thich Nhat. *The Miracle of Mindfulness: An Introduction to the Practice of Meditation*. Boston: Beacon Press, 1999.

Hanh, Thich Nhat and Lilian Cheung. *Savor: Mindful Eating, Mindful Life*. New York: HarperCollins, 2010.

Kabat-Zinn, Jon. *Coming to Our Senses: Healing Ourselves and the World Through Mindfulness*. New York: Hyperion, 2005.

_____. *Full Catastrophe Living: Using the Wisdom of Your Body and Mind to Face Stress, Pain, and Illness*. Rev. ed. New York: Bantam, 2013.

____. *Wherever You Go, There You Are: Mindfulness Meditation in Everyday Life*. New York: Hyperion, 2005.

Kabat-Zinn, Myla, and Jon Kabat-Zinn. *Everyday Blessings: The Inner Work of Mindful Parenting*. New York: Hachette, 1998.

Kaiser-Greenland, Susan. *The Mindful Child: How to Help Your Kids Manage Stress and Become Happier, Kinder and More Compassionate*. New York: Free Press, 2010.

Koster, Frits, and Erik van den Brink. *Mindfulness-Based Compassionate Living: A New Training Programme to Deepen Mindfulness with Heartfulness*. London: Routledge, 2015.

Lehrhaupt, Linda. *Tai Chi as a Path of Wisdom*. Boston: Shambhala, 2001.

McBee, Lucia. *Mindfulness-Based Elder Care: A CAM Model for Frail Elders and Their Caregivers*. New York: Springer, 2008.

Neff, Kristen. *Self-Compassion: The Proven Power of Being Kind to Yourself*. William Morrow: New York, 2015.

Rosenbaum, Elana. *Being Well (Even When You're Sick): Mindfulness Practices for People with Cancer and Other Serious Illnesses*. Boston: Shambhala, 2012.

Saltzman, Amy. *A Still Quiet Place: A Mindfulness Program for Teaching Children and Adolescents to Ease Stress and Difficult Emotions*. Oakland, CA: New Harbinger, 2014.

Santorelli, Saki. *Heal Thy Self: Lessons on Mindfulness in Medicine*. New York: Bell Tower, 1999.

Shapiro, Shauna, and Linda Carlson. *The Art and Science of Mindfulness: Integrating Mindfulness into Psychology and the Helping Professions*. Washington, DC: American Psychological Association, 2009.

Silverton, Sarah. *The Mindfulness Breakthrough: The Revolutionary Approach in Dealing with Stress, Anxiety and Depression*. London: Watkins, 2012.

Snel, Eline. *Sitting Still Like a Frog: Mindfulness for Kids and Their Parents*. Boston: Shambhala, 2013.

Stahl, Bob, and Elisha Goldstein. *A Mindfulness-Based Stress Reduction Workbook*. Oakland, CA: New Harbinger, 2010.

Stahl, Bob, Florence Meleo-Meyer, and Lynn Koerbel. *A Mindfulness-Based*

Stress Reduction Workbook for Anxiety. Oakland, CA: New Harbinger, 2014.

Teasdale, John, Mark Williams, and Zindel V. Segal. *The Mindful Way Workbook: An 8-Week Program to Free Yourself from Depression and Emotional Distress*. New York: Guilford, 2014.

Williams, Mark, and Danny Penman. *Mindfulness: A Practical Guide to Finding Peace in a Frantic World*. London: Little, Brown, 2011.

Williams, Mark, John Teasdale, Zindel V. Segal, and Jon Kabat-Zinn. *The Mindful Way through Depression: Freeing Yourself from Chronic Unhappiness*. New York: Guilford, 2007.

자료

연구

월간 마음챙김 연구

https://goamra.org/publications/mindfulness-research-monthly

마음챙김에 근거한 접근법에 대한 최신 연구 목록을 보려면 이 귀한 자원을 참고하라. 또한 주기적으로 업데이트된 것을 구독할 수도 있다.

마음챙김에 근거한 지도자 프로젝트

린다 레르하우프트 박사의 팟캐스트 시리즈

마음챙김에 근거한 지도자 프로젝트(Mindfulness-Based Teacher Project)에서 린다 레르하우프트 박사는 마음챙김에 근거한 접근법의 지도자로서 35년 이상의 경험을 공유할 수 있는 포럼을 만들었다. 그녀는 마음챙김에 근거한 중재, 다양한 맥락에서의 마음챙김, 마음챙김 운동 및 명상적 전통 분야의 지도자를 지원하기 위해 고안된 영감을 주는 현실적인 팟캐스트 시리즈에 풍부하고 광범위한 경험을 제공하고 있다.

이 동기부여와 유용한 정보를 제공해 주는 시리즈 이면의 의도는 지도자들의 내면의 삶에 영향을 주는 주제들을 탐구하고, 교육 기술의 심화를 돕는 것이다. 동시에, 마음챙김을 가르치지 않는 다른 많은 사람은 팟캐스트가 개인적으로나 직업적으로 도움이 된다고 생각한다.

팟캐스트는 www.mindfulness-based-teacher-project.org에서 무료로 다운로드할 수 있다. 또한 아이튠즈나 사운드클라우드 및 페이스북에서 무료로 사용할 수 있다.

각 팟캐스트의 아름다운 삽화는 예술가 노버트 웨너(Norbert Wehner)가 그린 것이다.

MBSR 지도자 찾기

전 세계의 MBSR 지도자 수가 증가하고 있다. 그리고 MBSR을 가르치고 있는 국가들의 수 또한 빠르게 증가하고 있다. 지도자를 찾는 데 도움이 될 수 있는 몇 가지 자료만 여기에 있다. 목록이 포괄적이지는 않지만 시작에 도움이 되기를 바란다.

또한 자국에서 'MBSR'을 입력하여 인터넷 검색을 한 다음, 지리적 위치를 입력하여 지도자를 찾을 수 있다.

참고: 우리는 MBSR 지도자와 조직에 대한 다음 정보를 서비스로 제공하지만, 그렇게 함으로써 이러한 조직이나 지도자를 특별히 지지하거나 추천하지는 않는다.
지도자의 자격과 제공하는 것이 적합한지 스스로 확인하라.

마음챙김에 근거한 접근법 연구소에서 훈련받은 MBSR 지도자
마음챙김에 근거한 접근법 연구소의 영어 및 독일어 웹사이트에서 IMA에 의해 훈련되고 MBSR 과정을 제공하는 적어도 15개 유럽 국가의 IMA 인증 지도자 목록을 찾을 수 있다. 국가 및 지도자가 목록에 지속적으로 추가되고 있기 때문에 업데이트된 목록을 위해 때때로 IMA 웹사이트를 확인하라.

영어 웹사이트: www.institute-for-mindfulness.org/mbsr/Find-an-MBSR-teacher-near-you
독일어 웹사이트: www.institut-fuer-achtsamkeit.de/mbsr/mbsr-lehrende-finden

북미

미국

다음은 MBSR 과정 및 또는 다양한 지도자 훈련 계획을 제공하는 기관 및 개인이다.

북미 지역에서 MBSR을 배울 수 있는 기회가 여기에 나열된 것보다 더 많이 있다. 다른 사람을 찾으려면 해당 지역의 인터넷을 검색하라.

의학, 건강 관리, 사회에서의 마음챙김 센터, 매사추세츠 의과대학, 우스터, MA
www.umassmed.edu/cfm
존 카밧진이 설립한 이 센터는 MBSR의 개발 및 교육의 선구자이다. 또한 전 세계 MBSR 지도자를 훈련시키고 마음챙김에 근거한 접근법을 가르치는 데 있어 질적 진실성을 나타내는 지표이자 모델이 되어왔다.

북미(그리고 전 세계)의 CFM 공인 지도자
CFM은 그들에 의해 인증된 지도자들의 등록 목록을 만들었다.
www.umassmed.edu/CFMlnstructorSearch/app/#/index/search를 참조하라.

듀크 대학교 통합 의학, 더럼, 노스캐롤라이나
www.dukeintegrativemedicine.org/programs-training/public/mindfulness-based-stress-reduction

InsightLA
www.insightla.org/mindfulness/mbsr

Mindfulness Meditation New York Collaborative
www.mindfulnessmeditationnyc.com

Mindfulness Northwest, Pacific Northwest
www.mindfulnessnorthwest.com

알아차림과 이완훈련,
산타클라라와 산타크루즈 카운티, 캘리포니아

www.mindfulnessprograms.com

제퍼슨 머나 브린드 통합 의학 센터의 마음챙김 연구소, 필라델피아
http://hospitals.jefferson.edu/departments-and-services/mindfulness-institute

오서 통합의학 센터, 샌프란시스코
www.osher.ucsf.edu/classes-and-lectures/meditation-and-mindfulness/
mindfulness-based-stress-reduction

캘리포니아 대학 샌디에고 마음챙김 센터
https://health.ucsd.edu/specialties/mindfulness/programs/mbsr

캐나다
캐나다에는 많은 MBSR 제공자가 있다. 여기 우리가 알고 있는 것들이 있다.
가까이에 추가적으로 찾기 위해서 인터넷 검색을 하라.

MBSR 브리티시 컬럼비아
www.mbsrbc.ca

캐나다 정신 건강 협회, 매니토바 주 및 위니펙 주
http://mbwpg.cmha.ca/programs-services/courses/mindfulness-based-stress-
reduction

토론토의 마음챙김 연구 센터
이 센터는 MBCT와 다른 마음챙김에 근거한 접근 방식과 중재를 제공한다.
www.mindfulnessstudies.com/about/faculty

MBSR 오타와
http://mbsrottawa.com

건강을 위한 명상, 토론토
www.meditationforhealth.com

매일의 마음챙김, 토론토
www.mindfulnesseveryday.org

마음챙김 연구소, 캐나다, 에드먼턴
www.mindfulnessinstitute.ca

연민 프로젝트, 위니펙, 매니토바
www.chcm-ccsm.ca/compassion-project

유럽
마음챙김에 근거한 접근법에서의 유럽연합(EAMBA)

이것은 유럽 전역의 MBSR과 MBCT의 대표 기관 간의 대화 및 협력을 촉진하기 위해 설립된 지도자 협회를 위한 유럽의 상부 조직이다. EAMBA의 웹사이트에는 여러 유럽 국가의 회원 기관 목록이 있다. 이 국가 집단의 웹 사이트에는 개별 국가의 지도자가 나열되어 있다.

http://eamba.net을 참조하라.

MBSR 지도자 협회와 과정 가능성, 국가별 목록

다음 목록에는 미국과 캐나다 이외의 지역에서 MBSR 지도자를 찾을 수 있는 출처가 있다. 여기에는 MBSR 지도자 국가 연합회가 포함되어 있으며, 그중 다수는 해당 국가의 MBSR 지도자를 열거하고 있다.

IMA 웹사이트(www.institute-for-mindfulness.org)와 마음챙김 센터 웹사이트(www.umassmed.edu/cfm)는 모두 국제 지도자 목록을 제공한다. 어떤 경우에는 마음챙김에 근거한 접근법 연구소 또는 의학, 건강 관리 및 사회에서의 마음챙김 센터와 함께 훈련한 개별 지도자를 열거했다. 다른 경우에는 우리가 친숙하거나 함께 일했던 지도자를 포함시켰다. 그들 중 일부는 협회가 없는 국가에서 가르친다. 다른 사람들은 목록에 있는 협회의 회원이지만 그럼에도 불구하고 개별적으로 목록을 작성하기를 원했다.

우리가 모르는 다른 지도자나 단체들이 분명히 있을 것이고, 그래서 우리는 여러분 스스로 인터넷 검색을 하도록 권한다.

아르헨티나	www.mindfulness-salud.org
호주	www.mtia.org.au
	www.openground.com.au
	www.alisonkeane.com.au
	www.mindfulnesstnsa.com
	www.simplymindful.com.au
	www.mindfulnesstnsa.com
오스트리아	www.institut-fuer-achtsamkeit.de/mbsr/mbsr-lehrendende-finden
	www.mbsr-verband.at
	www.mbsr-mbct.at
벨기에	www.mindfulmoment.be
	www.aandacht.be
	www.levenindemaalstroom.be
중국	kevin.fong.gt@gmail.com
체코 공화국	www.lessstress.cz
	www.mbsr.cz
	www.praveted.info/MBSR
덴마크	www.mindfulness.au.dk
	www.mindfulness-mbsr.dk
핀란드	www.mindfulness.fi
프랑스	www.association-mindfulness.org
	www.euthymia.fr
	www.mind-ki.eu
독일	www.mbsr-verband.de
	www.institute-for-mindfulness.org/mbsr/Find-an-MBSR-teacher-near-you
그리스	www.mindfillness360.net
홍콩	s.helen.ma@hkcfm.hk
	www.petamcauley.com
	junechiul@yahoo.com.hk
	www.mindfulnesshk.com

헝가리	www.mbsr.hu
아일랜드	www.institute-for-mindfulness.org/mbsr/Find-an-MBSR-teacher-near-you
	www.themindfulspace.ie
	www.sanctuary.le
	www.mindfulness.ie
	www.cfmi.ie
	www.ucd.ie
이스라엘	www.mbsrisrael.org
	www.mindfulness.co.il
이탈리아	www.mindfulnessitalia.it
	www.meditare.org
	alexandra.hupp@eui.eu
대한민국	www.mbsrkorea.net
	www.mbsrkorea.kr
리투아니아	julius.neverauskas@neuromedicina.lt
	www.psichoterapija.info
	giedre.zalyte@gmail.com
룩셈부르크	www.organisation-beraten.net
	www.einfch-hier-und-jetz.de
	www.mbstr-trier.de
멕시코	www.mindfulness.org.mx
모나코	kenya1955@hotmail.com
네덜란드	www.vmbn.nl
	www.instituutvoormindfulness,nl
	www.fritskoster.nl
	www.ingridvandenhout.nl
	www.stillmotion-osteopathie.nl
	www.aandachttrainingnijmegen,nl
	www.livingmindfulness.nl
	www.presentmind.nl
	http://aandachtvoordekern.nl

뉴질랜드	www.mentalhealth.org.nz/home/our-work/category/ mindfulness www.wholistichealthworks.co.nz
북아일랜드	www.kridyom.uk
노르웨이	www.institute-for-mindfulness.org/mbsr/Find-an-MBSR- teacher-near-you www.nfon.no www.ntnu.edu/studies/mbsr-mbct-teacher-training www.mindfulness-laerere.no
페루	www.concienciaplenaperu.com
폴란드	www.institute-for-mindfulness.org/mbsr/Find-an-MBSR- teacher-near-you
슬로바키아	andrej.jelenik@gmail.com
슬로베니아	www.dr-gross-online.info
남아프리카공화국	www.mindfulness.or.za
스페인	www.mbsr-instructores.org/miembrosnirakara.org/mbsr
스웨덴	www.mindfulnesscenter.se www.cfms.se
스위스	www.mbsr-verband.ch www.institute-for-mindfulness.org/mbsr/Find-an-MBSR- teacher-near-you www.centerformindfulness.ch
대만	www.mindfulness.org.tw www.mindfulnesscenter.tw www.mbha.org.tw
터키	http://zumraatalay.com yardimci.beril@gmail.com
영국	www.institute-for-mindfulness.org/mbsr/Find-an-MBSR- teacher-near-you www.mindfulnessteachersuk.org.uk www.bangor.ac.uk/mindfulness

저자 소개

린다 레르하우프트(Linda Lehrhaupt)

린다 레르하우프트 박사는 유럽에서 가장 경험이 많은 MBSR 지도자 중의 한 사람이며, 마음챙김에 근거한 접근법 연구소 창립자이자 대표이다. 마음챙김 접근법 지도자이자 수퍼바이저로서 약 35년의 경력을 가진 그녀는 교육, 건강돌봄, 개인 발달의 통합분야에서 풍부한 경험을 가지고 있다. 1993년에 MBSR 지도를 시작하였으며, 미국 MBSR 본부(CFM)에서 인증을 받은 지도자이다. 교육학 학위와 더불어 종교의례 및 전통 전공으로 공연학(performance studies) 박사를 취득하였다. 독일 MBSR-MBCT 지도자 협회 및 유럽 마음챙김 근거 접근법 네트워크(European Network of Associations of Mindfulness-Based Approaches: EAMBA)의 창립 회원이다.

그녀는 1979년부터 선수행을 해 왔으며, 타이잔 메주미(Taizan Maezumi) 선사에 의해 창립된 백매실파(White Plum Lineage) 소속 지도자이다. Open Mind Zen의 창립자인 알 푸쇼 래파포트(Al Fusho Rapaport) 선사로부터 법통을 이어받았으며 데니스 겐포 메젤(Dennis Genpo Merzel) 선사, 니코 티데만(Nico Tydeman) 선사 수하에서 수년간 선수행을 하기도 했다. 그녀는 유럽 선수행자 단체인 Zen Heart 상가의 주임 지도자로서 수년간 마음챙김 및 선수행 지도를 해 왔다.

1976년에 그녀는 태극권과 기공에 매료되어 서구에서 활동하고 있는 최고의 아시아 1세대 지도자들에게 사사하였다. 1982년부터 20년 이상, 그녀는 태극권과 명상적 동작을 창의적으로 활용한 지도자 훈련 프로그램을 주도하였고, 유럽 최초의 기공 및 여성건강 지도자 훈련 프로그램을 개발하였다.

또한 그녀는 마음챙김 근거 지도자 프로젝트라는 팟캐스트 시리즈를 창안하여 마음챙김 접근법 지도자들에게 영감과 지지, 노하우를 제공하고 있다(https://www.mindfulness-based-teacher-project.org)

단독 저서로는 『Riding the Waves of Life: Mindfulness and Inner Balance』(독일어판, 2012), 『Tai Chi as a Path of Wisdom』(영어판, 2001)이 있고, 공동 저서로는 『MBSR: Reducing Stress through Mindfulness』(독일어판, 2010)가 있다.

레르하우프트 박사는 미국인이며, 1983년부터 가족과 함께 독일에 살고 있다. 매년 일정 기간 동안 고국인 미국에서 시간을 보낸다.

연락처: LindaLehrhaupt@aol.com

info@institute-for-mindfulness.org

http://www.institute-for-mindfulness.org

http://www.institut-fuer-achtsamkeit.de

페트라 마이베르트(Petra Meibert)

페트라 마이베르트는 심리학자이며 MBSR, MBCT, 의료 및 심리치료 응용분야에서 독일의 선구적 지도자이다. 그녀는 독일 마음챙김 근거 개입법 연구소인 Achtsamkeitsinstitut Ruhr의 공동 창립자이자 공동 대표로서 MBSR 및 MBCT 지도자 훈련 프로그램 지도를 하고 있다. 그녀는 마음챙김 근거 접근법 연구소에서 MBSR 지도자 훈련을 이수하고 미국 MBSR 본부(CFM)에서 수퍼비전까지 마쳤다. 2005년 이후 그녀는 독일은 물론 국제적으로 MBSR 및 MBCT 지도를 하고 있다.

1990년 이후 그녀는 내담자에게 인본주의적 신체 중심 심리치료 방법을 통합적으로 시도하고 있다. 그녀는 2003년부터 MBSR을, 곧이어 MBCT를 지도해 오고 있다. 그녀는 2005년부터 독일 MBSR, MBCT 지도자 협회의 부회장으로서 봉사하고 있으며, EAMBA의 발전에 관여하고 있다.

그녀는 독일 보훔에 있는 루르 대학교에서 우울증 재발방지 관련 MBCT 연구 계획에 참여해 오고 있으며, 스위스 취리히 대학교에서 신뢰라는 주제에 대해서 연구 프로젝트에 참여하여 기본신뢰를 평가하는 설문을 개발하였다.

그녀는 티베트 불교학 스승인 타랍 톨쿠 린포체 밑에서 불교심리학과 불교철학을 공부하였고, 1988년부터 마음챙김 명상, 위빠사나, 족첸을 수행했다.

단독 저서로는 MBCT에 관한 독일어 저서 『Finding a Way to Free Yourself from Rumination』 『Mindfulness Training for People Suffering from Depression, Anxiety and Negative Inner Monologue』(2014), 『Mindfulness-Based Therapy and Stress Reduction MBCT/MBSR: Ways in Psychotherapy』(2016)이 있다. 울리케 안데르센뤠우스터(Ulrike Anderessen-Reuster)와 사빈 멕(Sabine Meck)과의 공동 저서로 『Psychotherapy and Buddhist Mind Training』(독일어판, 2013)이 있다. 그녀는 『Journal of Nervous and Mental Disease』를 포함한 여러 과학논문집과 책에 MBSR, MBCT, 마음챙김에 대한 글을 써 오고 있다.

연락처: J.p.meibert@t-online.de
　　　　http://www.achtsamkeitsinstitut-ruhr.de

역자 소개

안희영(Ahn Heyoung)

충청북도 청주 출생으로, 미국 컬럼비아 대학교에서 MBSR 지도자 교육과정을 주제로 박사학위를 받았다(성인학습 및 리더십 전공). 현재 한국MBSR연구소(http://cafe.daum.net/mbsrkorea) 소장으로 재직 중이며, 2005년부터 마음챙김에 근거한 스트레스 완화(MBSR) 프로그램을 한국에 보급하고 있다. 2010년에는 미국 MBSR 본부(CFM)에서 한국인 최초로 인증을 취득하였고, 현재 국내 유일의 CFM 공인 MBSR 지도자로서 한국MBSR연구소를 중심으로 스트레스, 명상, 리더십과 관련된 교육을 하고 있다. 미국에서 내면검색(Search Inside Yourself) 프로그램 지도자 인증을 취득하고, Mindful Leadership 과정을 이수하였으며, 호주에서 유럽의 기업명상 프로그램인 Potential Project 지도과정을 이수하였다.

풀브라이트 교환교수(미국 뉴욕 대학교), 한국심신치유학회 회장, 대한통합의학교육협의회 부회장, 한국정신과학회 부회장 등을 역임하였으며, 현재 서울불교대학원대학교 석좌교수, 한국심신치유학회 명예회장, 대한명상의학회 고문, 한국불교심리치료학회 운영위원으로 있다.

역서로는 『온정신의 회복』(공역, 학지사, 2017), 『의식의 변용』(공역, 학지사, 2017), 『8주 마음챙김(MBCT) 워크북』(불광출판사, 2017), 『켄 윌버의 ILP』(공역, 학지사, 2014), 『예술과 과학이 융합된 마음챙김』(공역, 학지사, 2014), 『MBSR 워크북』(공역, 학지사, 2014), 『8주: 나를 비우는 시간』(공역, 불광출판사, 2013), 『존 카밧진의 처음 만나는 마음챙김 명상』(불광출판사, 2012), 『스트레스와 건강』(공역, 학지사, 2012), 『자유로운 삶으로 이끄는 일상생활 명상』(공역, 학지사, 2011), 『마음챙김과 정신건강』(학지사, 2010), 『마음챙김에 근거한 심리치료』(공역, 학지사, 2009), 『현재, 이 순간을 알기』(공역, 보리수선원, 2009) 등이 있다.

논문으로는 「Dialogical and Eastern Perspectives on the Self in Practice(Teaching MBSR in Philadelphia and Seoul)」(IJDS, 2015), 「통합심신치유의 통전적 패러다임 모델」(공저, 예술심리치료연구, 2013), 「현대 서구사회에서의 마음챙김 활용」(불교학연구, 2012), 「MBSR 프로그램의 불교 명상적 기반」(불교학연구, 2010), 「통합미술치료를 위한 MBSR 프로그램 활용방안」(예술심리치료연구, 2010), 「마음챙김과 자기기억의 연관성」(한국선학, 2010), 「Mindfulness and Its Mechanism for Transformative Education」(한국교육논단, 2008) 등이 있고, 「Resources for Teaching Mindfulness」(Springer, 2016) 중 7장 "Teaching MBSR in Korea with a special reference to cultural differences"를 저술하였다.

MBSR 마음챙김에 근거한
스트레스 완화 프로그램
Mindfulness-Based Stress Reduction:
The MBSR Program for Enhancing Health and Vitality

2020년 1월 15일 1판 1쇄 발행
2023년 10월 20일 1판 2쇄 발행

지은이 • Linda Lehrhaupt · Petra Meibert
옮긴이 • 안 희 영
펴낸이 • 김 진 환
펴낸곳 • (주) **학지사**

　　　　04031 서울특별시 마포구 양화로 15길 20 마인드월드빌딩 5층
대표전화 • 02) 330-5114　　팩스 • 02) 324-2345

등록번호 • 제313-2006-000265호

홈페이지 • http://www.hakjisa.co.kr
인스타그램 • https://www.instagram.com/hakjisabook

ISBN 978-89-997-1977-6 93180

정가 **14,000**원

출판미디어기업 **학지사**

간호보건의학출판 **학지사메디컬** www.hakjisamd.co.kr
심리검사연구소 **인싸이트** www.inpsyt.co.kr
학술논문서비스 **뉴논문** www.newnonmun.com
원격교육연수원 **카운피아** www.counpia.com

🌏 한국MBSR연구소

-깨어 있는 삶의 기술. 건강하고 행복한 삶으로의 초대-

MBSR(Mindfulness-Based Stress Reduction) 프로그램은 미국 매사추세츠 주립대학병원에서 개발되어 39년 이상의 임상결과로 인정된 세계적인 심신의학 프로그램으로『Time』『Newsweek』등 세계 유수 언론매체에 많은 보도가 되어 왔습니다. 프로그램의 임상적 효과에 대한 연구가 최고 수준이며, 의사의 지지가 매우 높은 프로그램으로서 만성 통증, 불안, 우울, 범불안장애 및 공황장애, 수면장애, 유방암 및 전립선암, 건선, 외상, 섭식장애, 중독, 면역강화 등의 다양한 정신적 증상의 완화 또는 치료, 그리고 스트레스에 기인한 고혈압, 심혈관질환 등 많은 만성질환의 증상 완화, 예방 및 치료에 효과가 있는 것으로 보고되어 있습니다.

2014년 2월 3일 영어 주간지『Time』은 〈마음챙김 혁명〉이라는 특집기사에서 미국을 중심으로 서구사회에서 마음챙김(mindfulness)이 커다란 변화를 일으키고 있다고 보도하면서 MBSR 프로그램에 대해 자세하게 보도하고 있습니다. 일반인들이 이해하기 쉬운 언어 사용, 과학적인 효과검증 등을 바탕으로 배우기 어려울 수 있는 명상을 매우 체계적이고 알기 쉽게 제공하는 것이 MBSR을 비롯한 서양의 마음챙김 접근법들의 성공비결이라고 시사하고 있습니다. MBSR은 이제 병원에서의 스트레스 치유뿐 아니라 학교나 기업에서 인성교육, 창의성, 리더십 교육에 적극 활용되고 있는 추세입니다. 또한 MBCT, 구글의 내면검색 프로그램, 제너럴 밀즈의 마음챙김 리더십 프로그램 등 수많은 명상 프로그램에 깊은 영향을 준 프로그램이기도 합니다. 동양의 마음챙김 명상과 서양의학이 이상적으로 접목된 MBSR은 끊임없는 임상적 발표를 기반으로 이제 의료 분야에서 가장 성공적으로 인정되는 프로그램이 되었으며, 더 나아가 학교 교육, 기업체 교육, 리더십, 코칭, 스포츠 분야 등으로 꾸준히 확산되고 있는 추세입니다.

국내에서도 KBS TV 〈대장경 천년 특집 4부작 다르마〉 중에서 2부(치유편, 2011년 10월 16일 방영)에서 소개된 바 있습니다, 2012년 11월에는 한국MBSR연구소의 초청으로 창시자 카밧진 박사가 방한하여 관심 있는 많은 분에게 깊은 인상을 준 바 있습니다. MBSR은 특히 고대 수도원 전통의 마음챙김 명상을 의료, 사회, 교육을 포함한 현대 주류사회에 특정 종교 색깔이 없이 체계화했다는 평을 받고 있습니다.

국내에서도 이 책에 소개된 MBSR 프로그램을 제대로 배울 수 있는 길이 열려 있습니다. 한국MBSR연구소에서는 국내 유일의 미국 MBSR 본부(CFM) 공인 MBSR 지도자인 안희영 박사를 중심으로 MBSR 일반과정 8주 과정과 MBSR 국제인증 지도자과정을 제공하고 있습니다.

TEL (02)525-1588　**E-MAIL** mbsr88@hanmail.net

다음 카페 http://cafe.daum.net/mbsrkorea　서울특별시 서초구 효령로26길 9-12 봉황빌딩 3층

MBSR 창시자 카밧진 박사의 CD 시리즈 한국어 녹음 시판

이제 이 책에 나오는 마음챙김 명상을 저자이자 MBSR의 창시자인 카밧진 박사가 가르쳤던 그대로, 우리말 번역으로 배울 수 있는 길이 열렸습니다.

MBSR은 세계가 인정한 마음챙김 명상 브랜드입니다. 창시자 카밧진 박사는 "치유는 명상수련이 존재의 길로서 이루어질 때 그 수련 자체에서 나오는 것"이라고 말합니다. 근본적인 치유를 위해서는 무엇보다도 존재의 영역으로 들어가 내려놓아야 한다는 것입니다.

구체적으로 이 책『마음챙김 명상과 자기치유(Full Catastrophe Living)』에 나오는 마음챙김 명상을 직접 수련하려면

마음챙김 명상에 어느 정도 기초가 있다면 카밧진 박사의 '마음챙김에 근거한 스트레스 완화(MBSR) 프로그램 CD 공식 시리즈 1'을 이 책을 보면서 수련해도 좋습니다.

명상이 처음이거나 혼자 수련하면서 진전이 없는 분들은 이 책의 근간이 되는 MBSR 8주 수업(한국MBSR연구소, 다음 카페 http://cafe.daum.net/mbsrkorea)에 실제로 참여하기를 권합니다.

이 명상 안내 CD는 원래 카밧진 박사가 지도했던 스트레스 완화 클리닉 수업에서 병원 환자들이 사용했던 것입니다. 이후 20년 동안 이 CD는 미국 전역, 캐나다, 유럽, 남아프리카에서부터 호주와 뉴질랜드에 이르기까지 병원과 클리닉에서 진행하는 MBSR 프로그램에 활발하게 사용되고 있습니다.

궁극적으로, 이 명상 프로그램의 효과는 개인이 의도를 가지고 규칙적으로 수련을 하느냐에 달려 있습니다. 마음챙김 명상수련은 급진적인 사랑의 행위, 자기존중의 행위, 당신의 내면 깊은 곳의 지혜와 치유 능력을 존중하는 행위입니다. 마음챙김 수련이 뿌리를 내리고, 자라고, 계속해서 꽃피울 때, 우리의 삶은 심오한 수준에서 더욱 풍요로워질 것입니다.

CD 시리즈 1은 카밧진 박사의 첫 저서『마음챙김 명상과 자기치유(Full Catastrophe Living)』(학지사)와 함께 나온 것으로 우리말 녹음 CD는 미국 MBSR 본부 인증지도자인 안희영 박사가 제작하였습니다. 서점이나 한국MBSR연구소(서울특별시 서초구 효령로26길 9-12 봉황빌딩 3층, 다음 카페 http://cafe.daum.net/mbsrkorea)에서 구입할 수 있습니다. CD 시리즈 3은 카밧진 박사의 최근 저서『Coming to Our Senses: Healing Ourselves and the World Through Mindfulness』(Hyperion, 2005)와 함께 나온 것으로서, 한국어판『온정신의 회복』은 시판 중이며, CD 시리즈 3의 우리말 녹음 CD는 현재 준비 중입니다.